DE LA CRIMINOLOGIE

DES COLLECTIVITÉS

PAR

RAOUL DE LA GRASSERIE

Lauréat de l'Institut de France,
Correspondant du Ministère de l'Instruction publique,
Associé de l'Institut International de Sociologie.

(Extrait de la *Revue Internationale de Sociologie*.)

PARIS

V. GIARD & E. BRIÈRE

LIBRAIRES-ÉDITEURS

16, Rue Soufflot (Ve arr.)

1903

Beaugency. — Imp. Laffray Fils et Gendre.

DE LA

CRIMINOLOGIE DES COLLECTIVITÉS

Le crime dirigé contre une *collectivité* a, sous beaucoup de rapports, un caractère différent de celui qui est dirigé contre un *particulier*, et cette différence a son effet sur la *nature* même de l'*infraction* qui est moins *déshonorante* ou qui ne l'est pas du tout, sur celle de la *peine* infligée, enfin sur les *moyens* de *preuve*. En tout temps et en tout lieu on a soumis ce groupe à des règles spéciales. La collectivité a, en effet, moins de réalité que la personne physique et concrète, c'est une *personne abstraite*, et en l'offensant on n'en a pas une conscience aussi nette. Il ne s'agit plus d'un *non-moi identique au moi*, mais d'un *non-moi différent* dont on n'aperçoit pas la souffrance, ni même le dommage. Un seul exemple suffira pour le faire comprendre. Beaucoup de personnes, non seulement seraient incapables d'un vol, mais se feraient un scrupule de commettre la moindre indélicatesse, qui dissimulent en toute tranquillité de conscience des valeurs assujetties à l'impôt, employant même des manœuvres dans ce but, et l'opinion publique les approuve. Il ne s'agit pourtant pas là d'un délit politique. C'est que la *personnalité de l'État* ne se représente à l'esprit que par *un effort*, et le tout le monde qu'il incarne équivaut à personne. La personnamorale, que les législateurs admettent à peine, est bien moins admise encore dans les mœurs. En droit international l'État étranger est encore très au-dessous de l'État national et tout semble permis envers lui.

La *collectivité* peut aussi bien commettre des crimes envers les individus qu'on peut en commettre envers elle, mais ces crimes, s'ils sont encore fréquents, sont plus anormaux que les autres, devant être considérés comme exceptionnels. On peut les appeler des *crimes contraires*, tandis que les autres sont des *crimes directs*. Cependant on ne doit pas examiner les uns sans les autres, car souvent ils se répondent, et même l'un justifie l'autre, l'oppression de la part de l'État appelant la rébellion de la part des citoyens. Mais celui qui frappe la collectivité reste celui qui doit appeler le plus l'attention.

Ces crimes du reste peuvent être classés en crimes *ascendants*, crimes *descendants* et crimes *latéraux;* les premiers sont ceux dirigés contre la collectivité par un des membres qui en fait partie, les seconds ceux qui sont dirigés par la collectivité contre un de ses membres, les troisièmes sont dirigés par un des membres contre l'autre, mais de manière à léser directement un des droits de la collectivité. Il ne faut pas confondre ces derniers avec les crimes dirigés par un des membres contre l'autre, sans relation directe à la collectivité, car tous les crimes lèsent indirectement celle-ci.

Les collectivités *concentriques* qui peuvent être lésées par un de leurs membres ou qui peuvent les léser sont : 1° la *famille* et le clan, 2° les collectivités instantanées, 3° les associations, 4° la *nation*, 5° le groupe soit limité, soit universel formé par les diverses *nations*. Dans ce dernier cas, c'est bien une collectivité qui en blesse une autre, mais en dernière analyse, elle blesse une unité supérieure, réelle ou idéale, qui contient dans sa fédération l'offenseur et l'offensé.

Le crime collectif ouvre la *justice collective* qui se distingue essentiellement de la justice ordinaire, en ce qu'elle est plutôt distributive que vindicative. C'est une justice *intérieure* qui diffère de la justice *extérieure*. Si c'est la collectivité qui est lésée par un de ses membres, elle ne se venge pas, même dans les temps anciens, elle met seulement hors d'état de nuire par l'élimination et pratique ainsi de bonne heure les principes qui n'ont définitivement pris pied que dans les écoles modernes. Ni vendetta ni talion, mais mesures de sureté ordonnées par la collectivité de sang-froid. Cependant il n'en est pas toujours ainsi, et la répression peut se faire d'une manière plus subite et plus violente que dans les cas ordinaires.

I

DU CRIME FAMILIAL

On n'a pas toujours bien mis en relief le caractère spécial du crime familial, c'est pourquoi on ne l'a pas compris dans sa nature, ni dans son évolution historique. Nous voulons en donner un exemple frappant, celui de l'adultère. Cet acte a varié considérablement dans l'appréciation des législateurs ou du public. Après avoir été considéré comme le plus horrible de tous, il est regardé par certains comme une simple violation de contrat, n'ayant aucun caractère délictueux. Le mari peut le punir de mort, et cela, impunément pour lui, mais s'il ne prend pas cette vengeance, le tribunal estime que l'acte n'était passible que de quelques jours de prison. Enfin, si celui de la femme justifie les plus grandes rigueurs et a, sur la situation civile, de puissants effets, celui du mari, jusqu'en ces derniers temps, était presque anodin; l'opinion publique, aussi bien que le tribunal, était indulgente pour lui; maintenant on veut les assimiler en vertu d'un principe abstrait. Que d'anomalies et comment les expliquer!

Ces incohérences viennent de ce que l'adultère est envisagé maintenant comme un crime contre le mari ou contre la femme suivant le cas, tandis qu'en réalité, dans l'évolution historique, il a été considéré comme un *crime contre la famille*. Ce n'est pas comme vengeant son honneur propre, mais comme vengeant celui de la famille entière, que le mari a pu tuer sa femme surprise en flagrant délit; la procédure secrète qu'il emploie, c'est-à-dire l'absence de procédure, est instituée dans l'intérêt de la famille; d'ailleurs, c'est pour lui un devoir de se venger, surtout lorsque l'acte est devenu public, parce que c'est des intérêts de la famille qu'il est chargé. Si la famille se désintéresse, la justice sociale se désintéresse aussi, car ce n'est pas la société qui est attaquée, ni directement ni indirectement. C'est pour cela qu'elle ne sévit pas, mais permet au mari de sévir; elle se déclare à peu près incompétente.

En quoi l'adultère attaque-t-il directement la famille, celui de la femme du moins, car celui du mari n'attaque que la femme? C'est un intérêt anthropologique qui est en jeu. L'adultère de la femme met ou risque d'introduire des étrangers dans la famille; celui du mari ne peut avoir ce résultat; le premier lèse donc seul la famille, mais il la lèse gravement parce qu'elle peut être gravement altérée. Il n'est donc pas étonnant que l'adultère de la femme ait toujours été plus puni et autrement que celui du mari (ce dernier a été longtemps impuni), que le droit de vengeance de la femme ait été plus restreint, qu'enfin l'adultère de celle-ci ait seul entraîné la séparation de corps sans condition (il fallait en droit français que l'adultère du mari ait eu lieu au domicile conjugal). Ces inégalités sont une conséquence logique du principe, qui est que l'adultère n'est pas un crime privé, mais un crime contre la famille.

Cependant la plupart n'ont pas aperçu cette vérité, et suivant eux la répression cruelle de l'adultère de la femme s'explique dans l'évolution par l'*idée de propriété*. Le mari était propriétaire de la femme, et non la femme du mari. Il en était le propriétaire absolu, ayant le droit de vie ou de mort, condamnant non par justice, mais par colère. D'ailleurs cette idée n'est pas fausse, et le sentiment de la propriété a pu contribuer à donner au mari ce pouvoir arbitraire qu'il possède encore en partie aujourd'hui. Mais elle expliquait mieux le châtiment du complice, car ce qu'on punit après le vol d'une propriété c'est plutôt le voleur que la propriété elle-même, or c'était sa propriété que le mari aurait ainsi puni.

Un autre motif invoqué d'incrimination de l'adultère, c'est celui de l'*immoralité*, mais il est faux, au moins à l'origine, car jusqu'au mariage, chez la plupart des non-civilisés, la femme a la conduite la plus libre et les mœurs les plus dépravées, et pendant le mariage même le mari peut la vendre ou la louer. La morale n'a donc rien à y voir. D'ailleurs, le mari adultère était peu ou point puni, et cependant il fait preuve d'une certaine immoralité, quoique moindre.

Les motifs ci-dessus d'incriminer sont donc nuls si l'on considère l'adultère comme lésant seulement les droits de l'un des époux, et il faut recourir à un autre motif, celui de l'injustice résultant de la violation d'un contrat. Mais précisément on conteste aujourd'hui que la violation d'un contrat puisse donner lieu légitimement à une peine et on pense qu'elle ne doit ouvrir que des sanctions de droit civil, ici la séparation ou le divorce; de telle sorte qu'en creusant l'incrimination d'adultère, comme délit d'époux à époux, on arrive à la trouver vide et à l'innocenter.

Cette absolution législative aurait cependant des inconvénients graves; elle peut aboutir à un tout autre résultat que celui qu'on attend, à rendre plus fréquent encore le meurtre de l'épouse coupable, puisque la loi remet sa vie à la discrétion du mari.

Au contraire, si l'adultère est un crime direct contre la famille, tout ne se justifie pas, mais tout s'explique, à la fois l'extrême sévérité et l'extrême indulgence, la différence de traitement entre le mari et la femme, le pouvoir d'exécution remis au mari, l'obligation imposée par l'opinion publique à celui-ci de venger son honneur. Il s'agit d'un crime anthropologique, généalogique, pour ainsi dire, où le mari prend les intérêts de la famille tout entière, et agit comme son représentant, pour le mieux, non seulement avec justice, mais avec politique, quelquefois pardonnant, non par clémence, mais pour voiler le déshonneur aux yeux du public. Garofalo a dit avec raison : « l'adultère est en quelque sorte le crime politique de la famille », et ailleurs : « Nous passons maintenant à un autre ordre de sentiments qui ont eu jadis une importance extrême : les sentiments de famille. On sait que la famille a été le noyau de la tribu, partant de la nation, et que le sens moral a commencé à y poindre sous la forme de l'amour pour ses enfants. Les progrès de l'altruisme ont diminué de beaucoup l'importance du groupe de la famille; la morale en a franchi d'abord la limite pour franchir ensuite celle de la tribu, de la caste et du peuple et ne connaître d'autres bornes que l'humanité. Malgré tout, la famille a continué de subsister avec ses règles naturelles : l'obéissance, la fidélité, l'assistance mutuelle de ses membres. »

En effet, ce qui domine, même dans la répression de l'adultère, c'est l'amour pour les enfants, beaucoup plus que celui pour la femme coupable. L'incertitude de paternité qui en résulte même rétroactivement est peut-être le principal tourment. L'amour des enfants est d'ailleurs, de la part du père, purement égoïste; ce qu'il aime en eux, c'est lui-même, parce qu'ils le continuent. C'est ce qui explique le préoccupation absorbante de la descendance à certaines époques. Or, l'instrument de la paternité légitime est l'épouse; si elle trahit ses devoirs, la légitimité devient incertaine, l'homme ne se survit pas à lui-même ou il n'en est pas certain. L'adultère est donc un crime familial, c'est peut-être le crime familial par excellence, parce qu'il est destructif de la famille.

Nous avons voulu donner d'abord un exemple frappant du crime familial. Maintenant fixons le sens et la portée de la famille.

La famille réelle à l'époque contemporaine est assez étendue, elle comprend la famille proche, celle des ascendants, des descendants et des frères et sœurs vivant sous le même toit, et celle plus éloignée, mais dont les membres sont connus; on hérite en France jusqu'au 12e degré, et on peut se connaître au delà, avec ou sans recherche. Du reste, cette famille naturelle peut être fictivement accrue par l'adoption.

Mais dans les temps primitifs, tantôt la parenté paternelle était tout-à-fait inconnue et incertaine (régime du matriarchat), tantôt la famille ne pouvait remonter au delà de quelques membres par l'absence de mémoire des générateurs (régime du patriarchat). Cependant le besoin de se grouper pour la défensive se faisait sentir. Alors apparut une famille artificielle : le clan, reposant sur une parenté probable éloignée, mais se recrutant par des adjonctions qui n'avaient rien de généalogique. Cependant les règles de la famille naturelle y étaient appliquées; c'est ainsi que les membres d'un même clan ne pouvaient se marier ensemble et que la propriété y était commune.

Ces deux familles, la famille naturelle, et la famille artificielle, celle du clan, entrent dans notre compréhension de la famille et le crime familial s'applique aux deux.

Nous étudierons : 1° les crimes contre la famille commis par un membre de la famille et les crimes contraires ; 2° les crimes contre la famille commis par les étrangers.

A. — *Crimes internes contre la famille ou par elle.*

Ces crimes sont ascendants, c'est-à-dire commis par un membre de la famille contre la famille elle-même ou son représentant, ou descendants, c'est-à-dire commis par la famille elle-même ou son représentant contre un de ses membres, ou latéral, c'est-à-dire commis par un membre de la famille contre l'autre, mais causant une lésion familiale indirecte.

a) *Crimes ascendants.*

C'est ici que se place un des crimes les plus sévèrement punis, en ce qu'il est dirigé par l'inférieur envers le supérieur naturel, et aussi contre la source de la famille elle-même ; il s'agit du parricide. Aussi ne donnait-il pas lieu à la composition pécuniaire, comme les autres délits, mais était puni de peines publiques. Cependant, ce qui peut paraître singulier, à l'origine il n'est pas passible de peines corporelles proprement dites, pas plus, du reste, que les autres crimes contre la famille, le coupable est simplement banni. Mais bientôt les punitions publiques le frappèrent très sévèrement. Il l'a toujours été depuis, et le Code de 1810 maintenait pour lui la mutilation du poing. Viennent ensuite les mauvais traitements, le refus de soins et de nourriture, les injures, la désobéissance.

Il faut aussi y comprendre l'adultère de la femme, car le mari dans tout le cours de l'évolution est son supérieur et en l'outrageant ainsi, elle porte dommage à la race, il s'agit donc bien d'un crime familial ascendant.

b) *Crimes descendants.*

La famille ne peut être coupable envers un de ses membres que dans la personne de son chef ou de ses chefs, c'est-à-dire du père ou de celui qui le remplace. Ces crimes consistent presque toujours en actes de cruauté ou d'immoralité, car nous verrons que ceux d'improbité ne sont pas punissables. Non seulement l'enfant est atteint, mais la amille aussi dans son ensemble, et ces crimes peuvent présenter une succession correspondant d'abord au degré de développement de cet enfant.

Ces crimes sont, après l'onanisme qui n'est pas et ne peut être incriminé par la législation positive, l'avortement, l'infanticide, l'exposition d'enfant qui ont pour résultat de faire disparaître la descendance. Certaines législations ont une immunité pour l'infanticide qui est quelquefois autorisé par la loi; ailleurs, sous des influences religieuses, il est puni de peines draconniennes. Il en est de même de l'avortement. Les autres crimes sont le manque absolu de soins, les mauvais traitements, la séduction suivie de non reconnaissance de la paternité, l'excitation à la débauche, et enfin l'inceste de la part des ascendants. Il faut y ajouter, quoiqu'il ne s'agisse pas de crime contre l'enfant, l'adultère du mari, car la femme était considérée comme son inférieure.

Tous ces crimes sont dirigés contre la famille elle-même beaucoup plus que contre l'enfant; aussi quand la famille est mise hors de cause, le crime devient impuni ou excusé. Dans l'avortement, l'enfant à peine formé et n'ayant aucune conscience de lui-même n'est pas lésé du tout; il ne l'est qu'un peu dans l'infanticide.

c) *Crimes latéraux.*

Ce sont ceux commis par un membre de la famille contre un autre égal, par exemple, entre frère et sœur, mais de manière à léser l'existence de la famille. Ils ne sont pas toujours punis plus gravement, mais ils présentent un caractère spécial. Ils comprennent le fratricide, l'inceste, et de la part des époux, lorsque la femme est devenue l'égale ou presque l'égale de l'homme, l'adultère, la bigamie. L'inceste peut être un simple inceste de clan.

Ces trois catégories de crimes familiaux ont plusieurs particularités qu'il importe de relever. Elles ont trait à certaines immunités, et d'autre part à la juridiction et aux peines tout à fait distinctes de celles ordinaires.

On a remarqué que la nomenclature ci-dessus ne comprend pas les crimes contre la propriét[illegible] c'est qu'il ne saurait en exister d'un membre à l'autre de la même famille ou du même clan, la propriété étant indivise entre eux. Depuis, cette indivision a disparu, mais les vestiges d'un principe qui a péri se conservent pendant des siècles, de même que les rayons d'astres éteints nous parviennent après des milliers d'années; on cherche seulement à donner des explications nouvelles et factices. D'ailleurs, l'application survit plus ou moins complète. C'est ainsi qu'en France les vols commis entre ascendants etdescendants ou entre époux ne sont pas punissables, mais les actes d'improbité, autres que le vol, l'abus de confiance, l'escroquerie, le sont, distinction peu logique; dans beaucoup d'autres législations l'immunité s'étend à tous les crimes et délits relatifs aux biens, ce qui est plus naturel, mais ce n'est pas juste; pourquoi un ascendant devrait-il se voir dépouillé par un descendant, sans qu'il puisse le faire punir? Il a, il est vrai, une action en dommages-intérêts, mais sans effet contre un insolvable. C'est qu'on a conservé les conséquences du principe ancien de la copropriété familiale. Des législations plus raisonnables ont détruit cette immunité, et l'ont remplacée par la nécessité d'une plainte de la personne lésée, ce qui est juste cette fois, même à l'état d'évolution actuel. On comprend que, dans l'intérêt de l'homme et de la paix de la famille, on ne poursuive de tels délits que si la victime le permet. Dans ces termes, il n'y a pas immunité proprement dite, mais cependant en raison des relations de famille la répression est moins fréquente.

Quelquefois, au contraire, la répression est plus forte et la parenté forme une circonstance très aggravante, même quand il s'agit d'un délit punissable entre étrangers. Cette aggravation se produit dans le crime descendant et dans le crime ascendant, mais surtout dans le premier; il s'applique davantage aux crimes contre les mœurs.

C'est surtout à l'origine des sociétés que le crime familial se distingue fortement des autres quant à la juridiction et à la peine; plus tard, il tend à se confondre avec les crimes lésant les particuliers.

Il s'agit d'abord de la juridiction et du mode de poursuite. Quand le crime a été commis par un membre d'une famille contre un membre d'une autre, ou par un membre du clan qui n'est que la famille artificielle contre un membre d'un autre clan, l'action criminelle cause mécaniquement une réaction tendant à reproduire le même acte en sens contraire, cette réaction constitue la vendetta exercée non seulement par l'offensé, mais par son clan tout entier, non seulement contre l'offenseur, mais contre le clan tout entier de celui-ci, en vertu de la solidarité familiale. Ce ne fut que plus tard que la société s'interposa en limitant d'abord la réaction au talion, comme maximum, puis en facilitant et même en imposant la composition pécuniaire ; c'est la justice externe, elle a lieu, en effet, d'étranger à étranger, sans supérieur commun.

Entre membres de même famille au contraire, si le crime est commis contre la famille directement, et plus tard, s'il la lèse indirectement en lésant un de ses membres par l'autre, il n'y a pas de *vendetta*, parce qu'il y a une autorité supérieure commune. Cette autorité est généralement exercée par le père de famille, quelquefois par un conseil de famille. C'est à ce titre que le mari peut tuer sa femme adultère, parce que le crime s'attaque directement à la famille et la compromet; c'est à ce titre aussi qu'il a droit de vie et de mort sur le fils et sur l'esclave. Ce n'est plus la partie lésée qui agit, mais le supérieur commun. Aussi le sentiment direct de la justice semble davantage en jeu, et beaucoup de sociologues en ont profité pour découvrir deux sources à la répression, la réaction latente et la justice distributive supérieure, existant d'abord dans la famille, passant de là à l'État, et visant le bien et le mal en soi. L'idée de la vendetta est absente, de même que celle du talion, et la répression proprement dite s'exerce ici dès l'époque la plus reculée.

Il en est de même des pénalités. Lorsqu'il s'agit de crime commis par un membre de la famille contre la famille elle-même, celle-ci ne peut punir d'une peine proprement dite le coupable, car ce serait s'affaiblir elle-même, elle ne peut que le rendre incapable de nuire à la communauté désormais, et elle atteint ce but par la confiscation de ses biens et le bannissement de sa personne. De cette manière la paix familiale est rétablie, tandis qu'un châtiment ne ferait que la troubler davantage. Quelquefois, au lieu de confisquer le patrimoine, on le détruit; par exemple, on rase la maison du coupable. C'est le droit de correction paternelle qui est en vigueur, mais qui consiste surtout à excommunier.

Tout ce qui est vrai ainsi de la famille est vrai du clan qui n'est qu'une famille fictive. Il faut relever à propos de lui, un délit singulier : l'inceste de clan. Un homme d'un clan ne peut s'unir à aucune femme du même clan, sous peine de mort. Il y aurait là un inceste préjudiciable à l'existence même du clan, ce qui était le plus grand crime, parce qu'il était dirigé contre la famille.

Certains crimes ne lèsent pas la famille directement et par conséquent devraient tomber sous la loi générale de la vendetta et de la composition pécuniaire, ne concernant d'abord que l'auteur et la victime, et échappant à la justice disciplinaire du chef.

Cependant tous les crimes commis par un membre de la famille contre l'autre lèsent la famille indirectement, en troublent la paix, quand même ce crime n'aurait rien d'anti-familial, et finissent par être assimilés aux autres, sous tous les rapports, notamment ceux de la juridiction et de la pénalité applicables, de telle sorte qu'il en résulte une justice intérieure complète, opposable à la justice extérieure et se réglant d'une manière toute différente.

La tribu, la nation empruntèrent ensuite à la famille et au clan leur justice intérieure et disciplinaire et les firent triompher de plus en plus au détriment de la justice individuelle de la vendetta et du talion. Elle fut descendante tandis que l'autre latérale, et même souvent despotique ; d'ascendance en ascendance, elle devint même religieuse et divine.

B. — *Crimes contre la famille commis par des étrangers.*

Lorsque c'est l'étranger qui se rend coupable d'un tel crime, en général ce crime est assimilé au crime privé, il est punissable de la même manière à l'origine, c'est-à-dire par la vendetta et la composition pécuniaire, et l'exercice de la répression appartient à la partie lésée. Cependant il tombe sous la justice interne en cas de connexité. C'est ce qui arrive lorsque le mari, en cas d'adultère, tue le complice avec la femme coupable sans autre forme de procès, il agit en vertu du pouvoir familial en raison d'un crime familial, auquel l'étranger a participé. Il en est de même lorsque le père tue le séducteur de sa fille ou celui qui est coupable d'attentat à la pudeur contre son enfant en bas-âge. Le crime familial peut soumettre l'étranger à la justice intérieure, mais il ne suffit pas pour cela que le crime soit commis contre un membre de la famille.

De nos jours encore les crimes contre la famille commis même par des étrangers forment une catégorie à part ; on peut en dresser la liste suivante : excitation des mineurs à la débauche, complicité d'adultère, rapt, séduction, attentat sur les mineurs, substitution d'enfants, avortement par un tiers, suppression de l'état civil. Non seulement ils préjudicient à la personne lésée, mais la famille toute entière se trouve atteinte dans son ensemble.

Tel est le premier des crimes collectifs, c'est-à-dire commis par un de ses membres contre une collectivité ou par la collectivité contre un de ses membres ; il s'agit de la famille ou du clan. Au-dessus se trouvent d'autres collectivités plus étendues, et d'abord celle de la province ou nation qu'on peut directement viser ou qui se rendent coupables elles-mêmes envers un individu. Mais toujours le caractère collectif imprime un même cachet, pour ainsi dire politique, où les règles ordinaires sont enfreintes et remplacées par des principes plus larges, dans des faits plus complexes; ce qui est curieux, la punition est tantôt beaucoup moins sévère, tantôt beaucoup plus que dans les crimes ordinaires ; quelquefois même la peine s'évanouit, et pour des raisons de haute politique familiale elle peut être supprimée, comme ailleurs pour des motifs de haute politique nationale. C'est ce qui explique la rigueur et l'indulgence extrêmes avec lesquelles on a tour à tour traité l'adultère, l'immunité en cas de rapt, la non incrimination de l'inceste, toutes ces anomalies, inexplicables au premier abord. La famille a conservé des débris de gouvernement autonome malgré les usurpations de l'État et l'émancipation de l'individu ; elle se réserve et punit les délits dirigés contre elle, elle les pardonne, lorsque cela lui semble utile.

Nous allons étudier maintenant les crimes contre les autres collectivités.

II

DU CRIME COLLECTIF.

Entre le crime qui s'adresse à la *famille* et celui qui s'adresse à une *nation*, il y a sans doute des intermédiaires, le crime peut être dirigé contre une commune, une province, mais le caractère n'est pas modifié; il faut dire que ces crimes se rattachent à un fait contre la nation ou par la nation, et non aux crimes familiaux qui ont un caractère particulier.

Mais le crime peut dépasser le cercle de la famille et même celui de la province, sans cependant s'attaquer directement à la nation, sans d'autre part que la nation soit le coupable. Et cependant une collectivité est en jeu, la victime n'est pas une personne désignée, le coupable peut être une personne inconnue, une réunion de personnes innommées. Comment cela est-il possible?

J'émets un faux billet de banque, je le négocie, celui qui le reçoit est sans doute la victime ! Peut-être pas; elle le transmet sans le savoir à un autre qui le transmet à son tour dans la même ignorance. Voilà un crime pour ainsi dire au porteur; il est commis à l'égard de tous les tiers qui peuvent se présenter, envers tous les citoyens *ut singuli*.

Un individu est appréhendé, mis en pièces. Quel est son assassin? Il ne pourrait le dire, ni personne. C'est une foule qui s'est ruée sur lui. Ici le crime est l'œuvre d'une collectivité, mais non organique, composée d'une réunion de citoyens, agissant non *ut universi*, mais *ut singuli*.

Il y a dans les deux cas crime contre ou par une collectivité inorganique et agissant ou subissant membre à membre.

a) Crime contre la collectivité.

Nous avons cité le cas du billet de banque faux ou de la fausse monnaie. Il y en a d'autres où le tiers lésé est plus inconnu encore. Un malfaiteur place un obstacle sur le rail d'une voie ferrée, ignorant quelles sont les personnes que contiendra le train. Il n'y a aucun contact entre lui et une première victime possible, de même que dans la transmission de fausse monnaie.

Un grand nombre de personnes peuvent périr à la fois, et ces personnes ne forment entre elles aucune société, le hasard les réunit.

Ces crimes sont de beaucoup les plus rares, en ce qui concerne la lésion directe; ce n'est d'ordinaire que la lésion indirecte qui est ressentie par chaque citoyen pour un grand nombre de crimes par le danger qu'ils courent.

b) Crime par la collectivité.

Les crimes commis par la collectivité contre un individu sont nombreux et importants, et il s'agit ici d'une collectivité inorganique, c'est-à-dire d'une foule s'approchant plus ou moins de l'organisation d'une société. Les crimes commis par les foules ont été étudiés avec soin, surtout à propos de la loi de Lynch, nous les avons étudiés nous-même ailleurs.

Dans le crime commis par les foules, il est bien difficile de discerner la culpabilité de chaque individu, souvent même elle est nulle, et c'est seulement la foule dans son ensemble et quelques meneurs qui sont coupables. Elle commet des crimes dont chaque membre serait incapable en particulier. Lorsqu'elle se disperse, la culpabilité s'évanouit pour ainsi dire.

Le crime peut donc être collectif du côté actif ou du côté passif. Le second a été rarement mis en relief et ce n'est qu'en dépouillant nos codes répressifs qu'on peut le dégager; il est souvent traité de crime contre la paix publique, mot vague qui est loin de valoir comme définition; ce mot signifie seulement que la victime n'est pas nominativement désignée, mais, pour ainsi dire, anonyme; il a aussi une origine historique distinguant le délit public du délit privé. Il comprend parmi les autres le délit préventif, c'est-à-dire celui qui consiste en un acte qui n'est pas un fait par lui-même dommageable, mais seulement un fait dangereux; or le danger est rarement dirigé contre une personne déterminée, il n'atteint celle-ci que par hasard et aurait pu aussi bien léser une autre. Toutes les contraventions ou la plupart rentrent donc dans cette catégorie et elles sont nombreuses. Les victimes ne sont, au moment même où l'infraction se commet, ni tel individu, ni une famille, ni la nation, ni une nation étrangère, ni non plus une société d'individus formant une personne morale, ce ce sont tous les membres de la société, pris un à un, *ut singuli*, plus exactement, l'un quelconque de ces membres, celui qui se rencontrera avec l'infraction et en subira le résultat; quelquefois ce sont plusieurs de ces membres ensemble, mais sans réunion entre eux, car on peut par une explosion, un incendie, causer la mort de plusieurs personnes à la fois.

Ce n'est pas toujours *ut singuli* que les membres de la Société figurent ainsi comme victimes; ils peuvent aussi être attaqués dans l'état de transition où ils passent de l'isolement à la simple juxtaposition, puis au conglomérat amorphe, ce qu'on appelle la simple collection. Il est vrai qu'ils sont alors plus souvent aggresseurs que victimes, et lorsqu'ils sont attaqués, ils le sont d'ordinaire non par des individus isolés, car en fait ceux-ci n'auraient pas la force suffisante, mais par d'autres groupes. Tout d'abord un individu forcené peut, au moyen de certains projectiles, jeter la mort parmi une réunion de citoyens déjà organisée ou parmi une foule. Puis deux foules peuvent se ruer l'une sur l'autre, et alors dans celle qui est attaquée, ce n'est plus seulement chaque citoyen pris à part qui est visé, mais le conglomérat, quoiqu'il soit encore imparfait et ne constitue pas une société véritable.

En effet, comme les auteurs qui ont fondé la psychologie collective l'ont mis en lumière, au delà de l'individu nettement individuel et désigné, au delà de l'homme quelconque et à l'origine anonyme se trouvent divers conglomérats qui ne sont pas encore organiques comme la société intégrée, mais qui forment des embryons de plus en plus développés de cette société et qui par conséquent ont un fragment de pensée commune et une psychologie latente et restreinte; de ces conglomérats, le plus étudié jusqu'à présent a été la foule, elle possède en effet une criminologie toute spéciale du côté actif, mais elle compte aussi passivement. Elle possède un commencement de direction, de cérébralité, mais ce dernier mot est inexact, elle a plutôt des ganglions partout répandus, qui sont les instigateurs. Au-dessus se trouvent les sectes qui sont des foules cristallisées, durables; au-dessus de la secte apparaissent avec plus de persistance encore la caste et la classe; enfin on aboutit à la société particulière.

Mais c'est du côté actif et comme criminels que les divers agrégats commettent des crimes collectifs. D'abord un crime peut être perpétré par une foule, la première unité conventionnelle inorganique. Les crimes des foules dans leurs principaux caractères ont été souvent décrits; elles sont d'une férocité très grande et cependant deviennent aussi quelquefois justicières. Elles sont à la fois l'un et l'autre, suivant les cas, dans le lynchage. Une troupe d'hommes se rue sur un seul individu, et l'exécute, qu'il soit innocent ou coupable, le croyant coupable cependant; ceux mêmes qui n'agissent pas directement aident ou approuvent. Souvent, comme un seul individu, la foule se répand ou s'arrête. Mille fluctuations l'agitent, et sans qu'aucune parole soit prononcée, parfois elle délibère virtuellement. L'article 96 du Code pénal français s'applique à réprimer les crimes des foules; il discerne les meneurs des autres membres.

Les crimes collectifs des sectes ne sont pas moins remarquables. Il n'existe non plus ici aucune haine personnelle contre les personnes qui sont attaquées, même mises à mort. La secte n'éprouve qu'une haine anonyme, toute de principe; elle exécute ou persécute en masse, de même que c'est en masse qu'elle est persécutée.

Tel est ce domaine peu exploré de la criminalité relative aux collectivités; elle a reçu le nom, du côté actif surtout, de criminalité collective, de même que l'organisation des conglomérats amorphes où cette criminalité s'agite a donné lieu à la psychologie collective.

III

DU CRIME PAR ET CONTRE LES SOCIÉTÉS VOLONTAIRES ET LES ASSOCIATIONS

Nous venons de voir qu'à partir de l'état d'isolement, les réunions d'hommes parcourent divers degrés avant de parvenir à celui d'une société organique; dans cette transformation elles deviennent des foules, des sectes, d'autres conglomérats, ou temporaires, ou amorphes, toujours embryonnaires; nous venons de les étudier. Mais la société complète, laquelle est l'aboutissement, n'est pas toujours cette grande société, plus nécessaire que volontaire, qu'on appelle l'État; ce n'est pas non plus toujours d'autres sociétés plus petites, mais participant du même caractère, comme les communes, les provinces, les régions etc. Il se forme à côté de celles-ci des sociétés tout à fait volontaires, plus ou moins étendues, mais qui sont aussi organiques et complètes. Ces sociétés sont relatives à des intérêts purement matériels et alors conservent le nom de société, ou elles sont relatives aux personnes, et alors prennent celui d'associations. Elles ont la personnalité civile; seulement on peut se demander si elles peuvent délinquer ou si l'on peut délinquer contre elles, de manière à entraîner une sanction; puis s'agit-il alors de crimes contre ou par les sociétés, différant des crimes contre ou par les individus et possédant une caractéristique comme tels?

Au *passif*, on peut se rendre coupable de crimes ou de délits contre une société; mais si ces crimes ou délits émanent de tiers, la société est considérée vis-à-vis d'eux comme une seule personne, elle est unifiée et réduite à un seul individu moral; de telle sorte qu'il n'y a pas à étudier spécialement ce genre d'infraction. Sans doute, on ne pourra blesser corporellement une société, mais on pourra la rendre malade ou la faire mourir non seulement dans son patrimoine, mais aussi dans le lien personnel qui la forme. On pourra surtout la diffamer, car c'est moralement surtout qu'on peut attaquer une personne morale.

Si le crime et le délit émanent, non de tiers, mais de sociétaires contre la société, il y a là alors infraction sociale proprement dite, ayant son caractère singulier. Elle ressemble à ce qu'est le délit familial dans l'intérieur de la famille, mais il faut qu'elle soit dirigée non contre un autre membre de l'association, mais envers l'association elle-même. Ces infractions sont peu nombreuses dans nos Codes ; on peut en citer quelques-unes ; il s'agit surtout des malversations commises par l'associé chargé d'une charge sociale, lorsqu'il est organe dirigeant.

Le crime ou le délit (*côté actif*) commis par l'association, personne morale, est plus remarquable. Il l'est quelquefois à l'égard de l'un des associés; on peut citer celui qui consiste à confisquer les biens de celui-ci lorsqu'il veut se retirer de l'association, ou le tort qui lui est fait dans ses biens ou dans sa liberté ou dans l'attribution léonine des bénéfices. Mais l'infraction la plus importante commise par l'association est celle qui atteint les tiers, les citoyens étrangers *ut singuli*, ou la Société dans son ensemble *ut universi*. Tout d'abord, l'association peut délinquer comme une personne physique, il lui faudra pour cela matériellement employer un de ses organes, l'une des personnes qui la compose, car elle ne peut agir autrement, par exemple, un de ses administrateurs ou de ses contrôleurs auxquels elle aura donné un ordre; si l'une de ces personnes délinque personnellement, l'association ne saurait plus être que responsable. Mais on peut dire que la Société agit elle-même lorsque le délit est commandé par une délibération de son assemblée générale. On se demande alors s'il peut y avoir des sanctions pénales autres que des dommages-intérêts. Cette sanction ne peut consister dans des peines corporelles, mais seulement dans une amende, et sous certaines législations, dans la dissolution. Cette possibilité est controversée et on décide souvent qu'en dehors de textes spéciaux une association ne peut perpétrer une infraction de droit commun. Cela nous semble une profonde erreur; dès que l'association a une personnalité civile, elle a une personnalité pénale, et toutes les peines qui ne sont pas corporelles s'y appliquent.

Mais, en outre, l'association peut commettre des délits spéciaux, des délits sociaux, qu'une personne physique ne commettrait pas, ou ne pourrait commettre dans les mêmes conditions; par exemple, une société a mille moyens d'exercer des fraudes soit envers les tiers proprement dits, soit envers des obligataires, soit même envers ceux qu'elle attire comme souscripteurs comme actionnaires : elle peut les tromper par de faux avis, par la distribution de dividendes non acquis. Ces agissements sont des plus fréquents. Elle peut aussi frustrer les familles au détriment des réservataires, en se faisant gratifier par don déguisé. Elle peut encore avoir un but illicite, déclaré ou dissimulé et alors mettre en danger la grande Société elle-même des citoyens *ut universi*. Il doit y avoir pour l'empêcher des peines appropriées frappant non seulement les membres par lesquels le délit a été commis, mais l'association elle-même.

C'est ainsi qu'en marchant d'unités à unités de plus en plus compréhensives et aussi de sociétés à sociétés de plus en plus articulées, nous parvenons à la grande Société, à la grande collectivité, l'État lui-même.

IV

DU CRIME NATIONAL

Le titre que nous donnons à cette division ne convient peut-être pas exactement à tout ce qui en fait l'objet, car non seulement il viendra se ranger sous la présente rubrique beaucoup de délits, mais la nation elle-même ne sera pas toujours directement attaquée. C'est pour ce motif que nous avons retranché le sous-titre de *crime politique* qui est cependant exactement convenable pour une grande partie de ces infractions.

Le *droit pénal national* diffère à la fois du droit pénal *individuel* qui sanctionne les violations du droit entre individus et du droit pénal *international* qui vise celles commises de nation à nation ou d'étrangers à nationaux. Il comprend les offenses faites par un citoyen à l'État dont il est le sujet et les désobéissances envers ce dernier, lorsque cet État a le droit de commander, ainsi que les rébellions, et par contre les violations de droit commises par l'État contre les citoyens. Mais ces violations réciproques du droit collectif et du droit individuel se commettent dans des sphères tout à fait différentes qu'il importe d'abord de tracer.

Les crimes ou délits de nation à citoyen ou de citoyen à nation se produisent dans une sphère très générale et très élevée où l'attaque vise les droits essentiels de l'un ou de l'autre ou même leur existence. Le citoyen cherche à détruire l'État, soit en livrant son propre pays aux ennemis du dehors, soit en essayant de renverser à l'intérieur le gouvernement établi pour lui en substituer un autre de son choix, ou même sans cette révolution complète, en s'efforçant d'imposer aux autres citoyens des institutions nouvelles conformes à ses opinions et contraires aux leurs. De même, l'État ne se contente pas d'exercer ses droits d'une manière abusive, il menace la liberté, la propriété, la famille d'un citoyen ou de toute une classe, de sorte qu'il constitue les personnes menacées en état de légitime défense. Dans l'un et l'autre cas, il ne s'agit pas de fonctionnaires de l'État dépassant leurs pouvoirs ou contre lesquels on fait directement rébellion, mais de l'État lui-même, soit qu'il ait approuvé la conduite illégale de ceux-ci, soit qu'il agisse lui-même d'ensemble. Dans tous les cas, l'intérêt personnel est dominé par un intérêt collectif, bien ou mal entendu, sincère ou simulé, mais qui apparaît seul devant le public et donne aux actes commis leur caractère. Ces actes peuvent être très graves, aller jusqu'au meurtre, à l'assassinat, au pillage, mais ce qui les distingue des crimes de droit commun, c'est leur motif individuellement désintéressé. Aussi sont-ils punis tantôt beaucoup plus, tantôt beaucoup moins, suivant les lieux et les temps ; ils le sont plus, parce qu'ils sont extrêmement dangereux, produisant des massacres en masse où il y a plus de victimes que dans les meurtres ordinaires, et où la cruauté est souvent plus grande ; ils le sont moins, parce que leur motif initial est plus pur. Les criminels de cette catégorie n'ont pas du tout le caractère des autres, et Lombroso leur a consacré un livre spécial où il note bien cette différence. Cependant, le criminel politique peut commettre en même temps des crimes de droit commun, mais comme dépendance des autres.

Les *crimes politiques* comprennent deux catégories bien distinctes qui sont souvent confondues, qui le sont notamment dans la législation française. Il y a le crime politique *externe* et le crime politique *interne*. C'est le second que nous venons de décrire sommairement. L'autre consiste dans la trahison de son pays au profit de l'étranger, à tous les degrés qui peuvent la constituer. Au point de vue pratique, tous les deux se ressemblent, en ce que pour eux la peine de mort a été abolie. Mais par ailleurs, il diffèrent profondément. Celui qui se rend coupable d'espionnage ou de trahison envers sa patrie le fait presque toujours par un motif de convoitise, tandis que le crime politique ordinaire est désintéressé ; le motif est donc dans l'un très bas et dans l'autre très élevé. Cependant, les deux arrivent à se ressembler et même à se confondre lorsque la trahison n'a pas pour but l'intérêt pécuniaire, mais le triomphe de son parti politique, ou même la simple rancune personnelle, quand, par exemple, le coupable avait été d'abord l'objet d'une mesure d'ostracisme ou avait été persécuté injustement, ou qu'on lui a refusé la place qui lui était due. On peut citer dans l'histoire romaine l'exemple de Coriolan, en France celui des émigrés qui portaient les armes contre leur pays ou des victimes de la révocation de l'édit de Nantes qui pouvaient se trouver dans l'armée ennemie.

Le crime politique *externe* touche de près à une autre catégorie de crimes ou de délits commis par un citoyen contre la nation. Il s'agit des crimes et délits militaires. Ils se distinguent de tous les autres en ce que la répression en est très sévère et que cependant ils ne sont pas déshonorants. Lorsqu'ils sont commis en temps de guerre et se réalisent par le refus de combattre, la révolte ou la désertion, ils participent souvent du crime politique externe et en ont en partie les effets. Les peines sont différentes à la fois de celles de droit commun et de celles de droit politique, il y a une échelle spéciale de droit militaire.

Enfin la sphère du droit national comprend des infractions d'une autre catégorie et qui rentrent pour les pénalités dans le droit commun; elles se distinguent pourtant de celles ordinaires en ce qu'elles prouvent la violence du caractère et, le danger qui en résulte, mais non d'ordinaire la perversité. Elles s'éloignent d'autre part, des infractions politiques, en ce qu'elles n'ont point un but idéal et général, et ne cherchent pas le triomphe des idées, mais visent seulement des personnes investies de la puissance publique dans tel cas donné. Un exemple fréquent de ce genre de délits se trouve dans les rébellions de simples citoyens contre les fonctionnaires investis de la force ou de l'autorité publique.

Le crime national comprend donc quatre sphères bien nettement séparées : 1° celle du droit *politique interne*; 2° celle du droit *politique externe*; 3° celle du droit *militaire*; 4° celle du droit *administratif*, que nous envisagerons successivement.

Auparavant, nous devons indiquer quelques subdivisions capitales que nous retrouverons dans toutes.

Le crime national peut s'exercer dans des directions différentes, de bas en haut ou de haut en bas, ou latéralement; en d'autres termes, il vient des citoyens contre la nation, de la nation contre les citoyens, ou de groupes de citoyens contre d'autres groupes. Par exemple, la révolte ou rébellion d'un simple citoyen contre le Gouvernement d'un pays au point de vue politique, ou contre un fonctionnaire au point de vue personnel, ou contre un chef militaire de l'armée dont il fait partie par insubordination, rentre dans la première classe que nous appellerons celle du crime ascendant; au contraire, lorsque le chef de l'État ou les Assemblées tyrannisent le citoyen, attentent à sa liberté individuelle, ou lui refusent toute participation à la puissance politique, ou dans un ordre d'idées moins élevé, lorsque le fonctionnaire public abuse de son autorité contre le justiciable, le contribuable ou l'administré, dans un but de lucre ou tout autre, ils commettent un crime *descendant*. Enfin le crime *latéral* s'accomplit lorsque la contrainte a lieu d'un groupe de citoyens envers un autre groupe, ce qui est le cas de la guerre civile, surtout lorsque cette guerre a lieu de province à province, quel qu'en soit d'ailleurs le motif, sécessionniste ou autre.

Une autre division doit être faite, sans laquelle on comprendrait dans la catégorie des crimes les actes les plus justes. Dans la lutte ou la rébellion, le crime n'est pas bilatéral, il n'existe le plus souvent que d'un côté, et même le criminel apparent n'est pas toujours le criminel réel. Celui qui est la victime du crime peut bien commettre des actes de violence, mais ce sont des actes de légitime défense ou tout au moins de réaction pénale. Cette réaction d'autorité privée est nécessaire parce qu'il n'y a pas de supérieur commun qui puisse régler le conflit s'il y a doute, et imposer la peine due s'il y a eu abus de la force. Par exemple, en cas de révolte contre un gouvernement oppressif par des citoyens prompts à combattre, de sorte qu'il y ait des griefs réciproques, il n'existe pas de juge commun. Si l'oppression n'est pas réelle et si le principe du gouvernement ne se trouve pas être un faux principe, la révolte est illégitime, et alors il y a crime national de la part des révoltés, le gouvernement par sa répression ne commet pas de crime, mais exerce la légitime défense. Si, au contraire, l'oppression est réelle, ou s'il s'agit d'un gouvernement constitué d'au-dessus et d'en dehors de la nation même, la révolte est légitime, c'est le gouvernement qui avait commis le crime national et les révoltés ne font qu'exercer la réaction pénale.

1[ent]. — CRIME ET DÉLIT POLITIQUES INTERNES.

Nous étudierons successivement le crime politique proprement dit dans son action et sa réaction pénales naturelles et ses diverses sortes, ses particularités, les moyens prophylactiques ou thérapeutiques employés contre lui, enfin ceux qui pourraient plus efficacement le faire disparaître.

A. — *Action et réaction pénales et diverses sortes de crimes politiques internes, leurs particularités.*

Le crime politique ou le délit est, comme nous l'avons dit, commis dans plusieurs directions différentes : il est descendant, ascendant ou latéral.

a) Crime et délit descendant.

Il est rare que l'on comprenne sous ce nom le crime dont il s'agit : la tyrannie exercée par le pouvoir établi contre les simples citoyens. Chronologiquement c'est le premier, car il est impossible qu'un crime politique soit commis contre un gouvernement avant que celui-ci ait été constitué, et lorsque la révolte nait, ce n'est presque jamais sans que ce gouvernement ait commis quelque abus de pouvoir. Au point de vue de l'histoire, il s'agit d'abord d'un gouvernement monarchique absolu qui, sans sortir de ses attributions de droit, puisque son droit est sans limite, attente aux droits individuels; s'il se contentait de jouir de sa toute-puissance, il y aurait rarement une rébellion. Mais la même cause peut se produire sous un gouvernement démocratique où la foule exerce la même tyrannie, soit elle-même, soit par ses assemblées; il y a toujours violation du droit individuel par le droit social constitué.

Ces actes de vexation ou de persécution peuvent se traduire en spoliation et se diriger autant contre les biens que contre les personnes, c'est ce qu'on a vu dans les mauvais jours de l'Empire romain; ils peuvent aussi attenter à la pudeur et aux bonnes mœurs, comme sous Tarquin, ou à la liberté de conscience, comme pendant les persécutions exercées contre les chrétiens, plus tard contre les protestants, les cultes hérétiques et les infidèles sous l'influence de l'Inquisition, enfin dans les guerres sociales ou les oppressions personnelles contre les esclaves. Le martyrologe serait long de tous ceux que pour des motifs divers la Société représentée par ses chefs a cruellement traités. Les démocraties ont été, lorsqu'elles étaient en possession du pouvoir, aussi impitoyables que les princes; les massacres de la Saint Barthélémy et ceux de septembre peuvent rivaliser.

Il n'est pas nécessaire pour qu'il y ait crime national descendant que les abus de pouvoir soient aussi graves et attentent à l'individu, car à côté du crime descendant il y a le délit descendant. Le Gouvernement qui interdit d'une manière absolue la manifestation des idées, en supprimant toute liberté de la presse, celui qui refuse aux citoyens tout contrôle et même toute participation indirecte à l'administration et à la constitution du pouvoir, commet aussi un crime ou un délit descendant.

Cependant, tandis que tous les Codes, même pénaux ordinaires, prévoient avec soin tous les manquements des citoyens envers l'État, les crimes de l'État envers eux ne sont pas prévus ou le sont seulement quand ils résultent d'abus individuels de certains fonctionnaires. On établit, il est vrai, la responsabilité ministérielle, mais elle reste presque toujours lettre morte. Quant au Chef de l'État, même non dynastique, il est presque partout déclaré inviolable.

Les crimes politiques descendants ne sont point pour la même raison rangés sous diverses catégories. Celles-ci existent pourtant logiquement. Il y a d'une part des crimes matériels, pour ainsi dire physiques, constituant des lésions positives aux droits des individus dans leur liberté, leur honneur, leurs biens, puis des crimes intellectuels, leur refusant quelque faculté de même nature, ceux destructifs du libre exercice des cultes et de la presse. D'un autre côté, les infractions ci-dessus sont commises contre tel individu ou contre tous successivement; il en est d'autres qui blessent les citoyens collectivement, celles qui annullent par exemple le droit électoral ou le restreignent à certaines classes, ou accablent sans nécessité d'impôts tous les citoyens. Enfin, à côté des infractions graves se trouvent celles plus légères qu'on peut qualifier des délits.

Tel est le crime descendant. Il a sa contre-partie qui consiste dans la réaction pénale qu'il provoque et que nous étudierons sous la rubrique suivante. Mais il n'y a pas toujours crime de la part de l'État qui exerce une répression violente et même sanglante. Il peut y avoir, au contraire, simplement légitime défense. Le gouvernement s'est tenu dans les limites de ses attributions constitutionnelles, ou s'il n'existe pas de constitution encore, dans celles naturelles; il ne s'est livré à aucune exaction individuelle; il n'a pas refusé à l'ensemble des citoyens une plus large participation au pouvoir public que celle que l'état général de l'évolution ne justifierait pas encore; d'ailleurs, tous les citoyens sont contents de la situation politique; quelques factieux réclament seuls, les armes à la main. Il est juste que le gouvernement se défende et ce faisant il défend tous les citoyens. Il ne s'agit que de mécontents. La lutte, l'exécution qui suit, seront légitimes; l'ostracisme de quelques uns sera nécessaire, de même que dans le droit individuel il est permis de repousser la force par la force.

Cette exécution a été admise surtout contre les sectes qui ne prétendent pas seulement à remplacer un gouvernement par un autre, la prédominance d'une classe par l'autre, mais qui veulent détruire seulement, sans autre programme; la réaction descendante est alors admise dans dans tous les pays, même sous les régimes démocratiques. Nous reviendrons sur ce point.

b) Crimes et délits ascendants.

Le crime ascendant est celui dirigé par les gouvernés contre les gouvernants, quel que soit le motif de cette révolte, religieux, politique ou social, et quel que soit le but plus ou moins complet qu'il vise : changement du personnel du gouvernement, changement de sa forme, abolition de tout gouvernement quelconque, et quels que soient les moyens, violence ou fraude, pourvu qu'ils soient illicites. La gamme en est très variée, et contrairement à ce qui précède, ils sont prévus très minutieusement par tous les Codes.

C'est par les procédés employés qu'il faut ici différencier les crimes des délits. Les premiers sont presque toujours violents, les autres sont le résultat de l'astuce ou tout au moins, si la violence est employée, elle ne l'est que de manière relativement inoffensive, la parole ou l'écrit.

1° Les crimes ascendants, résultats de la violence ou préliminaires de cette violence, ont pour but un changement dans le personnel ou la forme ou l'existence du pouvoir gouvernant. La gradation est sensible. Dans le premier cas, on veut substituer un chef à un autre, mais sans employer les moyens légaux; c'est ce qui se produit souvent dans les monarchies orientales où une révolution de palais, accomplie d'ordinaire par un meurtre, fait succéder à un souverain un autre de la même famille; le même résultat a lieu dans toutes les usurpations. Dans le second, il y a émeute ou conspiration et l'on veut faire d'une monarchie une république, ou d'une république une monarchie. Le troisième se réalise par les entreprises anarchiques auxquelles il faut assimiler les jacqueries du moyen-âge et les révoltes serviles sous l'Empire romain, dont le but était de détruire et non de fonder. Les révoltes des nihilistes, ainsi que le mot l'indique, ont la même portée.

Ces actes sont certainement coupables et lorsque rien ne les a justifiés d'avance, ils ne sauraient être excusés. C'est à tort qu'on les fait bénéficier en indulgence de la faveur due à la révolte des citoyens opprimés; il s'est établi là une confusion fâcheuse.

Ils comprennent les complots, les séditions, les excitations à la guerre civile, le pillage, l'attentat contre la vie du chef ou des chefs de l'État, celui contre des personnes inconnues et indéterminées dans un but politique. Plusieurs de ces actes sont soumis dans les législations positives à certaines particularités. Ce sont ces particularités qui doivent retenir notre attention, elles impliquent plus de sévérité et d'indulgence à la fois que dans le droit commun.

L'ensemble des crimes politiques ascendants forme ce que l'on a longtemps appelé les crimes de lèse-majesté humaine, ils étaient en partie assimilés à ceux de lèse-majesté divine. Les biens du coupable étaient confisqués ; on pouvait faire le procès au cadavre ; la mort était accompagnée de supplices atroces ; les écrits, les paroles, les pensées mêmes étaient punis par loi romaine. Ces crimes remplissent de longs chapitres des législations primitives. Il n'y avait pas alors de plus grand crime que le crime politique.

Maintenant cette sévérité a disparu de la plupart des législations occidentales, quoiqu'il faille noter qu'en Russie la peine de mort depuis longtemps bannie du droit commun s'est maintenue en matière politique. C'est plutôt une grande indulgence qu'on a pour ce crime. Cette indulgence s'appuie, d'une part, sur ce que le motif du crime est désintéressé et idéal, d'autre part, sur ce qu'il est parfois difficile de distinguer s'il y a crime national ou légitime défense. Cependant sous d'autres rapports le crime national est encore plus sévèrement traité que celui de droit commun. Nous étudierons plus loin d'ensemble les avantages accordés au crime politique ; nous devons *signaler en ce moment ses désavantages, parce qu'ils sont spéciaux au* crime politique ascendant.

Ils consistent en ce que plusieurs actes qui ne seraient pas punissables en droit commun le deviennent ici. En droit français, par exemple, le crime ne commence à être sous le coup de la peine édictée que s'il y a eu commencement d'exécution ; de simples actes préparatoires ne suffiraient pas, à plus forte raison le complot, ou l'excitation ou la proposition, acceptée ou non, encore moins la résolution, même extériorisée. Au contraire, en matière politique ces actes suffisent très souvent, ils sont frappés d'une peine préventive et parfois de la peine répressive de l'infraction accomplie. Le droit français contient des dispositions curieuses à ce sujet. A Rome, et dans notre ancien droit, la seule résolution était punissable, non comme acte préparatoire, mais de la même peine que le crime lui-même ; il n'en est plus ainsi aujourd'hui, quand même cette résolution serait prouvée par l'aveu ou par un écrit, mais la proposition faite et non agréée est déjà punissable. A plus forte raison, punit-on les faits ultérieurs plus caractérisés, d'abord le complot, c'est-à-dire la proposition acceptée et concertée *cette fois, mais deux personnes suffisent*, puis le complot suivi d'un acte préparatoire commis ou commencé, enfin l'exécution ou la tentative. Il faut y ajouter, comme délit, l'excitation générale par la voie de la presse à commettre l'acte. On cherche à atteindre le crime dans son germe, ici le droit pénal commun et le droit pénal politique sont en pleine divergence. Une autre sévérité contre le crime politique abrogée aujourd'hui consistait en une obligation légale de dénoncer les crimes dont on avait connaissance.

Tel est le crime politique ascendant, mais à côté se trouve l'acte de légitime défense politique ascendante et il est quelquefois bien difficile de les distinguer autrement qu'en théorie. Cependant la distinction est fondamentale. Lorsque les citoyens sont opprimés, sont-ils tenus de subir les actes de violence ou même les refus injustes de tous droits plutôt que de se révolter? Quelques-uns l'ont pensé, telle fut la doctrine du Christianisme naissant qui l'enfreignait cependant lorsque les martyrs renversaient d'abord les idoles, c'est celle de la non résistance au mal. Elle n'est pas pratique, elle ne nous semble même pas juste en principe, car il faut empêcher le mal et non le subir, si l'on ne veut pas que l'injustice se renouvelle, même contre d'autres. Or, la résistance ne peut rester simplement passive, elle devient active, et dès qu'elle est collective, elle se change en révolte; cette révolte, si elle se communique à un plus grand nombre, d'émeute devient révolution. On a dit que l'insurrection est le plus saint des devoirs; cette formule peut offrir des dangers si on la généralise, mais elle est parfaitement juste si on la restreint au cas d'oppression, et il ne s'agit pas seulement d'oppression de fait et par action quand il y a violence contre les personnes, mais il s'agit aussi d'oppression de fait et par omission, lorsque le Gouvernement méconnait l'élargissement qu'il doit subir à mesure que l'évolution s'est avancée; on conçoit donc qu'une insurrection soit légitime contre le seul refus obstiné de droits électoraux. C'est une question de circonstances et surtout d'époque; c'est aussi parfois une question de nombre, car il faut qu'une réforme soit voulue par un certain ensemble; cependant cette dernière condition n'est pas toujours nécessaire; de faibles minorités peuvent, malgré l'inertie de la majorité, réclamer les libertés nécessaires, sans qu'on puisse leur opposer le manque de nombre.

La révolte peut donc être, au lieu d'un crime national, l'exercice du droit de légitime défense contre le crime national de tyrannie, et cela, de quelque manière qu'elle s'exerce, par voie de conspiration, de société secrète, de recours aux armes; seule la commission de crimes de droit commun doit être interdite, encore cette interdiction n'est-elle pas absolue. Quelquefois l'oppression est tellement serrée et la minorité qui s'oppose à l'injustice tellement petite, d'autre part la tyrannie dépend tellement d'un homme plutôt que des institutions, ou celles-ci sont tellement incarnées dans un homme, que la légitime défense ne peut se réaliser que par des crimes de droit commun, l'assassinat, l'empoisonnement. L'histoire nous le démontre. La violence collective ne suffisait pas toujours, il a fallu recourir à la violence individuelle. Non pas que celui qui commet ce crime commette toujours un crime nécessaire, mais il le pense tout au moins. L'assassin d'Henri IV croit faire œuvre pie dans l'intérêt des catholiques. Les conjurés armés de poignards sont en petit nombre, ils tirent au sort qui portera le premier coup au tyran, dans la foule nul ne les suit, on les abandonne même et on les livrerait au besoin, c'est pourtant pour elle qu'ils agissent; s'ils réussissent, elle en profite et redevient libre.

Il vaudrait mieux sans doute employer des moyens pacifiques, mais il faut déjà pour cela avoir une certaine participation au pouvoir, sans quoi on n'a aucune prise légale sur lui. Dans les régimes parlementaires, on peut agir par l'exercice du vote et choisir ceux qui nous représenteront et résisteront au pouvoir s'il veut abuser de la force ou du droit, mais il y a des pays ou des époques où la nation n'a pas de représentants. Comment alors se faire entendre? Par la presse? Mais souvent la presse n'est pas libre. Par les réunions publiques? Elles sont interdites. Par les rassemblements et les manifestations? Ils sont dispersés. Par le livre largement répandu? Il est brûlé par la main du bourreau. Il ne reste que les armes. Mais il n'y a que quelques hommes décidés à les prendre. S'ils les prennent ouvertement, ils seront décimés avant toute action. Il faut alors faire précéder la violence de la ruse, la sédition de la société secrète et du complot, et lors de la réalisation, il faut que la violence concertée ne s'adresse qu'à la tête, à un seul homme, au chef, car le petit nombre des agresseurs exige le choix limité de la victime; de là des apparences de brigandage qui sont à la révolte ouverte et générale ce que la guerre d'embuscade est à la grande guerre.

Que si l'ensemble des citoyens a prise légale et pacifique sur le pouvoir, si le régime est parlementaire, il semble qu'il doive en être tout autrement. Ce n'est qu'une apparence. Sans doute la défense par la violence est moins nécessaire, puisqu'alors la presse est relativement libre, de même le droit de réunion, et qu'enfin le pays a ses représentants. Mais dans ceux du régime électoral censitaire, la majorité n'est pas représentée, elle ne peut donc ni décider ni même faire régulièrement ses remontrances. Ceux qui font partie des Chambres appartiennent exclusivement à une des classes de citoyens. Que feront les autres? Ils se tairont ou se révolteront, il n'y a pas de milieu. Et si leur exclusion est totale, ils conspireront et formeront en secret des sociétés.

Mais voici le suffrage devenu universel. Cette fois tout le monde peut faire prévaloir sa volonté d'une manière pacifique. C'est en effet le meilleur remède qu'on puisse donner contre les révolutions. Mais le remède doit être appliqué à une dose complète, sans quoi il n'a qu'un effet restreint. Si le suffrage est purement majoritaire, si les minorités ne sont pas représentées, en vain les citoyens qui font partie de cette dernière réclameront-ils, ils n'ont pas voix au chapitre, on ne les entendra même pas, loin de les écouter. Il ne leur restera que le moyen de la révolte par les armes; ils l'emploieront moins souvent, parce que la compression est moins violente et moins forte, mais il l'emploieront encore.

On voit que la porte de l'insurrection, sa porte sociologique, est loin d'être fermée. La représentation admise des minorités ne serait même pas une hermétique clôture. Sans doute, il est permis dans les pays de liberté à toutes les opinions de s'exprimer, pourvu qu'elles ne fassent pas appel aux armes. Mais il s'agit des opinions politiques, de même qu'autrefois la liberté de penser ne s'entendait que des opinions religieuses; il ne s'agit pas des opinions économiques et parmi elles, quand quelques-unes ont pu venir au jour, les autres ont été condamnées encore à rester enfouies. C'est ainsi que les opinions les plus radicales en 1793 proscrivaient les idées socialistes, proscription qui a duré jusqu'à nos jours, et si celles-ci voulaient entrer en ligne de compte, ce n'était qu'en provoquant une explosion. Depuis, les socialistes sont entrés dans les assemblées et jusque dans les ministères après une édulcoration préalable, mais les anarchistes en sont toujours exclus; aussi instituent-il de temps à autre la propagande par le fait, qui n'est autre qu'une nouvelle forme de la sédition. Nous ne voulons pas d'ailleurs apprécier, nous décrivons. Nous ne prétendons pas non plus que la révolte soit toujours un acte de légitime défense; c'est une pure question de fait, elle est d'autres fois un véritable crime international. Elle ne se justifie que lorsqu'il n'est pas possible d'agir autrement.

La légitime défense ne s'exerce pas toujours immédiatement, mais elle peut être retardée; en droit individuel, la légitime défense retardée s'appelle la vengeance, la vendetta. Celle-ci existe aussi dans le droit national. Il y a des revanches nationales. La révolution française a certainement été une longue et cruelle revanche des violences exercées contre les classes bourgeoises et populaires par les classes supérieures pendant de longs siècles. Les massacres de septembre répondent d'une manière frappante à la Saint-Barthélémy; la terreur, aux dragonnades; les confiscations, aux conquêtes violentes; la persécution contre le clergé, à ses abus. Ce qui est curieux, c'est qu'elle fut même plutôt une revanche qu'une légitime défense proprement dite, car grâce à la faiblesse du monarque, la résistance du pouvoir étant devenue presque nulle, les privilèges s'abolissaient, les abus allaient disparaître comme ils se sont effacés des pays voisins, mais ce n'était pas assez, la revanche historique devait apparaître, inconsciemment voulue, une cruauté répondre à une cruauté, quelqu'injustice à une injustice; seulement la peine, comme toutes les peines de l'histoire, ne peut réveiller les morts pour s'y appliquer, elle se contente de frapper leurs représentants, leurs descendants. Elle ne le fait point dans un but d'expiation, comme on l'a souvent répété (dans ce cas l'expiation serait bien injuste, puisqu'elle laisserait en repos le coupable et atteindrait des innocents), mais par le jeu mécanique de la réaction pénale qui doit toujours suivre l'action, et qui cause elle-même ensuite une nouvelle réaction en sens inverse; cela est si vrai qu'à la terreur rouge de la période révolutionnaire qui répondait à la terreur noire de l'inquisition et des exécutions sanglantes de l'ancien régime correspondit à son tour la terreur blanche des premiers jours de la Restauration. Seulement quand il s'agit, non d'un seul fait humain, mais d'une masse collective de faits, et de longues périodes dirigées dans le même sens, la réaction se produit aussi à une grande distance, elle est beaucoup plus différée et ne peut tomber, vu la brièveté de la vie humaine, sur les auteurs mêmes des crimes.

La réaction pénale politique servant à la fois de légitime défense et de revanche historique, lorsqu'elle s'exerce dans la direction ascendante, porte deux noms tout à fait différents qui préjugent souvent de sa légitimité, ceux d'émeute et d'insurrection. On a souvent distingué l'une de l'autre par le succès, et le succès provient de l'approbation suffisante par l'opinion publique et de l'adoption par le plus grand nombre. Comme le plus souvent dans une opinion erronée c'est le succès qui légitime et l'insuccès qui condamne, on désapprouve les émeutes, on approuve les révolutions. Si l'on n'a pas généralement adhéré, dit-on, ce qui a empêché la réussite finale, c'est que l'idée du gouvernement ou du principe réclamé n'était pas mûre, or ce n'est que sa maturité qui peut s'imposer, il est coupable d'agir auparavant. Cette doctrine du succès ne nous semble pas admissible. Il faut, suivant nous, définir émeute ou sédition la révolte qui n'a lieu que dans l'intérêt illégitime de quelques-uns; celle qui se produit, au contraire, dans l'intérêt légitime, soit de quelques-uns, soit d'un grand nombre, comme résistance contre l'oppression, est une révolution ou un essai de révolution réussie ou manquée suivant les cas. Il y a des tentatives de légitime défense, comme il y a des tentatives de crimes.

Les délits ascendants ne se commettent plus par action violente, mais seulement par parole ou par écrit, c'est-à-dire par la voie de la presse. Ces délits ont une grande importance, car ils préparent aux crimes; mais ce ne sont pas toujours des délits, ce sont quelquefois aussi des actes de légitime défense.

Tous les délits de presse, à l'exclusion de ceux dirigés contre les particuliers et relatifs à leur vie privée, consistent en diffamation ou injure soit contre les représentants de l'État comme tels et dans leur conduite politique, soit contre les députés ou tous ceux qui participent à la décision ou à la direction des affaires publiques. Leur caractère pénal politique est bien marqué par ces deux circonstances que les délits de presse seuls parmi les délits sont justiciables en France de la Cour d'assises, et que la preuve du fait diffamatoire est admise par exception.

Ils constituent des attaques violentes ou perfides contre le gouvernement d'un pays, s'appuyant sur des faits faux. La législation est très spéciale. La presse qui est l'expression de l'opinion publique la dirige aussi souvent. Il y a entre elles action et réaction incessantes. La tendance différente de chaque gouvernement se reflète immédiatement sur les lois qui la régissent. C'est ainsi que la juridiction est souvent changée. Quelquefois même la liberté de la presse est suspendue ou supprimée ou soumise à des pénalités préventives.

Ces délits tendent quelquefois à exciter au crime latéral, c'est-à-dire aux dissensions entre citoyens, mais le plus souvent ils sont dirigés contre le pouvoir constitué et forment bien un délit ascendant.

Mais fréquemment, au lieu de délit, il y a un acte de légitime défense.

En effet, la dénonciation qui en est faite par la presse est la plus sûre défense contre l'oppression. Un pays où la presse est libre est sûr d'être libre, ce qui ne veut pas dire : juste. C'est ce qui fait que la preuve des faits diffamatoires est alors admise. Si elle ne l'était pas, la presse ne pourrait qu'administrer des louanges, mais elle peut énoncer des faits diffamatoires ou injurieux, pourvu qu'ils soient vrais ; elle agit alors en légitime secours.

c) Crimes et délits sucessivement ascendants ou descendants.

Il s'est agi jusqu'ici d'un pouvoir supérieur abusant de son droit ou de sa force contre les subordonnés, ou de ceux-ci se révoltant contre le supérieur. La situation peut être plus complexe. Il n'y a plus de révolte de l'ensemble de la population ou d'une fraction, voulant s'arroger ou revendiquer des droits ; il n'y a pas, d'autre part, action du pouvoir n'usurpant pas ce qu'il possède déjà, mais en usant et en abusant. C'est un seul homme, se trouvant ou non en possession momentanée du pouvoir, qui lui a été confié, qui s'empare définitivement de ce pouvoir, soit par ses propres forces, soit à l'aide de complices, soit soutenu par une profession ou une classe de citoyens, et qui ensuite exerce une puissance absolue ; il est vrai que quelquefois il essaie de faire ratifier pour tout le monde le coup de force, le fait accompli, et qu'il y réussit. Dans tous ces cas, il y a usurpation suivie d'agression, ou tout au moins, de changement dans la constitution d'un pays. Le crime est d'abord ascendant, puis il devient descendant. C'est le coup d'État qui, du reste, peut se réaliser d'une façon fort variée. Quelquefois même, il n'y a pas changement de gouvernement, mais changement de personnes.

On peut distinguer les variétés suivantes :

1. *Le coup d'État de palais.* — C'est celui qui est en usage dans les monarchies orientales. Par suite d'une conspiration de palais entre ceux qui approchent le monarque absolu, celui-ci est empoisonné ou étranglé, et l'un de ses parents prend sa place. Le peuple impassible continue de servir le nouveau comme l'ancien despote.

2. *Le coup d'État théocratique.* — Le pontife substitue un nouveau monarque à l'ancien qui n'est pas suffisamment docile. C'est ainsi qu'au moyen-âge le Pape déliait les sujets d'un empereur ou d'un roi du serment de fidélité et suscitait un successeur qu'il sacrait ; c'est ainsi qu'en France les Carlovingiens ont remplacé les Mérovingiens.

Presque toujours le nouveau chef est plus despotique que l'ancien. Le crime descendant suit donc le crime ascendant.

3. *Le coup d'État militaire.* — C'est lui qui a renouvelé de temps en temps le personnel de l'Empire romain. Ordinairement on suivait pour la dévolution du pouvoir la série dynastique, mais elle était souvent interrompue. L'armée déposait la dynastie régnante, et choisissant parmi les siens un nouvel empereur, lequel devenait héréditaire sous condition résolutoire. Aucune règle n'était suivie, ce n'était même pas l'armée entière qui proclamait, mais les légions de telle province, de sorte que plusieurs empereurs furent souvent proclamés à la fois.

Ce même système a été souvent remis en vigueur chez les Néo-latins, surtout en Espagne et dans les pays hispano-américains ; ce sont des pronunciamientos militaires qui font et défont les monarques. Le souverain nouveau, ainsi énergiquement investi, devient généralement absolu.

4. *Le coup d'État démocratique.* — Il s'agit d'un coup d'État dirigé non contre la démocratie, mais par elle contre l'aristocratie, et cependant aboutissant à la constitution d'un pouvoir absolu. Tel est le cas des tyrans antiques de la Grèce et surtout des colonies grecques dont un grand nombre sont célèbres, et aussi des chefs des Républiques italiennes du moyen-âge qui régnaient despotiquement, soit eux seuls, soit eux et leur dynastie, celles-ci souvent célèbres. Le processus est toujours le même. L'aristocratie domine exclusivement et irrite les démocraties. Celles-ci pour l'abaisser choisissent un homme qu'elles munissent du plein pouvoir. Cet homme en use pour décimer l'aristocratie, mais il conserve ce pouvoir au delà de sa mission et se rend absolu, opprimant à son tour tout le monde.

5. *Le coup d'État personnel.* — Un homme ambitieux s'empare du pouvoir, abolit la constitution et tout en en créant une autre régulière, absorbe toute la puissance à son profit et devient absolu. Nous en avons eu un exemple récent en France dans le second Empire. Il est vrai, on emploie alors le plus souvent un processus analogue à celui des tyrans grecs et italiens ; on prétend réagir contre l'aristocratie et prendre contre elle la cause de la démocratie. Ce fut le cas du second Empire qui se fit le champion du suffrage universel.

Telles sont les variétés principales du coup d'État qui toutes aboutissent à une usurpation de personnes et souvent à une usurpation de la forme de gouvernement dans le sens de le rendre plus despotique sans le consentement des intéressés ; il constitue, par conséquent, un crime politique.

Cependant il peut constituer exceptionnellement aussi un acte de légitime défense politique. C'est ce qui a lieu surtout quand il s'agit de concentrer tous les pouvoirs en une seule main pour faire face à l'ennemi. C'est ce qui s'observe à diverses périodes de l'histoire. Quelquefois même cette concentration et ce changement momentané de constitution a été consenti ou ratifié par tous. Telle fut l'origine de la dictature sous l'Empire romain. Sous le régime dynastique, quand une dynastie est évidemment épuisée, qu'elle ne produit plus que des rejetons faibles ou criminels, il y a intérêt pour le pays à ce qu'elle soit remplacée par une autre, et à ce que cette autre, si cela est nécessaire, s'implante par la force. C'est ce qui a eu lieu en France lors de l'avènement des prédécesseurs de Charlemagne, et aussi lors de l'usurpation postérieure des Capétiens. Mais la nécessité est bien plus grande quand il s'agit de résister aux étrangers. Le général vainqueur possède alors des droits ethniques. C'est à ce titre que Napoléon Ier se fit proclamer, sinon Empereur, au moins d'abord Consul. La nécessité de la concentration d'un État politique intérieur peut même suffire, ce fut elle qui donna naissance à la tyrannie de Robespierre. Du reste, le caractère définitif est souvent indécis et on peut se demander si l'on est en présence d'un crime national ou d'une légitime défense. La même hésitation ne peut-elle pas s'élever pour le crime individuel ?

d) Crimes et délits politiques latéraux.

Il faut distinguer encore ici les crimes des délits.

Le crime politique latéral a une grande importance. Il s'agit de la guerre civile. On sait que cette guerre n'est point dirigée contre le pouvoir central en lui-même, mais en tant qu'il soutient une idée politique, religieuse, sociale, ethnique, antipathique aux révoltés, cependant partagée par d'autres citoyens, ce qui revient à une dissension des citoyens entre eux. S'il s'agissait d'opinions du gouvernement contraires à celles de l'ensemble des citoyens, la lutte ne serait plus latérale, mais ascendante.

La guerre civile, lorsqu'elle n'est pas motivée par une agression de même nature, est un crime national des plus graves, elle est ici ce que la guerre étrangère est dans le droit international. Mais elle devient aussi quelquefois, c'est-à-dire si elle est réellement défensive, un acte de légitime défense.

La guerre civile a des variétés nombreuses. Nous devons en parcourir quelques-unes.

Elles comprennent deux grandes classes : les guerres civiles sécessionnistes et les guerres civiles non sécessionnistes. Les premières sont territoriales, elles consistent à séparer du gros de la nation toute une fraction de cette nation groupée géographiquement. Les autres tendent seulement à faire prédominer telle idée générale sur telle autre. Les unes, du reste, peuvent se cumuler avec les autres, et une guerre d'opinions peut se réaliser dans une province.

Les guerres civiles sécessionnistes ont pour but apparent ou avoué de détacher soit une province, soit un groupe de provinces, du corps commun ; si c'est pour se réunir à un autre pays, on passe de la sphère nationale à la sphère internationale, mais s'il s'agit de proclamer l'indépendance, c'est la véritable sécession. Quelquefois c'est la moitié du pays qui se soulève contre l'autre, le midi contre le nord, contre l'ouest, contre le surplus. Mais si la sécession a toujours pour but la séparation, elle peut avoir des motifs différents, ces motifs se rattachent à deux groupes, celui des motifs ethniques, celui des motifs d'intérêts ou d'idées.

Les guerres civiles sécessionnistes ethniques forment une catégorie très importante, nous en reparlerons sous la rubrique du droit international. Plusieurs provinces, États ou cantons, représentent des races différentes ou au moins des nationalités différentes, et ne parlant pas la même langue se trouvent, par suite des hasards historiques, réunies en un seul État, et l'une des nationalités a seule en mains ou principalement le pouvoir, de sorte que l'une est gouvernée et parfois exploitée par l'autre. Des déchirements se produisent et aboutissent à des dissensions parlementaires ou de presse et à des conflits, ce n'est encore que le délit. Des exemples frappants de cette situation sont donnés actuellement par l'Autriche avec la Hongrie, la Bohème, etc. Mais souvent on aboutit à la guerre véritable de sécession. Il en a été ainsi entre les diverses provinces de l'Empire Turc. Nous verrons que cette guerre est un crime national et international à la fois, mais non de la part de la province révoltée, au contraire, de la part de l'État qui veut la retenir injustement.

Les guerres civiles sécessionnistes non ethniques, quoiqu'elles aboutissent parfois à la sécession, s'élèvent à propos de dissidences, soit d'intérêts, soit d'idées. Les dissidences d'intérêts sont rarement assez fortes dans la métropole pour les amener; il y a pourtant des exemples du contraire, ainsi la querelle agraire entre l'Angleterre et l'Irlande; au contraire, la sécession des colonies a presque toujours pour cause une dissidence économique. Les guerres civiles non sécessionnistes se rattachent toujours à des causes idéales. Au premier rang, soit chronologiquement, soit intensivement, se placent les guerres de religion. Elles ont toujours été des plus cruelles; elles remplissent l'histoire du moyen-âge, soit l'histoire internationale depuis les Croisades, soit l'histoire nationale entre catholiques et protestants, entre catholiques et Albigeois, etc., et en Allemagne pendant la guerre de trente ans. Chacun croit généralement posséder le bon droit, l'intensité des convictions étant ici plus forte que partout ailleurs. Elles finissent par disparaître, ne laissant plus après elles que les persécutions et les luttes locales. On peut citer à la fin du xviiie siècle les guerres de la Vendée et de l'Ouest.

Après les guerres religieuses viennent les guerres politiques, elles ont pour objectif de faire triompher un parti par la violence, non directement contre le pouvoir central, mais contre les autres partis. On peut citer celles entre les Montagnards et les Girondins pendant la Révolution, entre les patriciens et les plébéiens à Rome. Il faut y rattacher les guerres entre plusieurs dynasties ou plusieurs prétendants, si nombreuses dans l'histoire.

Enfin les guerres économiques et sociales ne sont pas les moins sanglantes, mais sont plus rares. Elles ont lieu de classe à classe. On peut citer dans l'histoire romaine la guerre servile, au moyen-âge la Jacquerie.

Le crime national latéral ou guerre civile est très souvent un acte de légitime défense, non seulement lorsqu'il s'agit des guerres de sécession où la séparation cherchée n'est que le rétablissement de l'ordre national, mais aussi des autres. Presque toujours, même lorsque le crime n'est pas qualifié, c'est-à-dire lorsqu'il ne s'y mêle point des actes de cruauté, la légitime défense est bilatérale, parce que tout le monde, même lorsqu'il attaque, croit qu'il a été d'abord attaqué. Mais le crime devient souvent qualifié et perd alors tout moyen de justification. La guerre triomphante est suivie de supplices contre des hommes désarmés et même contre ceux qui n'ont jamais combattu.

Tels sont les crimes politiques latéraux; au dessous se trouvent les délits politiques de même nature. Ils consistent en actes moins graves, actes n'impliquant point une guerre véritable, mais une résistance ou des manœuvres ayant pour but de donner à certains citoyens vis-à-vis de certains autres une situation injustement prépondérante.

On peut citer d'abord les usurpations faites par une ville ou par une province, soit dans le but de se déclarer moins dépendante que les autres du pouvoir central, soit dans celui de le dominer directement; il en résulte un danger d'anarchie ou de despotisme interprovincial. Ce sont souvent les villes fédérales ou qui sont le siège social du gouvernement central, qui ont tenté ce genre d'usurpation. Il suffit de citer la Commune de Paris pendant la Révolution française et après la guerre de 1870; elle essaya d'enlever le pouvoir central à la Convention ou au Parlement. La résistance communale, quoique mitigée, est de nos jours assez fréquente. Elle cause une réaction pénale assez vive, et certaines villes, Paris, par exemple, ont été souvent à ce titre placées pour leur régime au-dessous des autres villes et du droit commun.

D'autres délits nationaux latéraux s'opèrent par une autre voie, lorsque, par exemple, un citoyen se rend coupable de fraudes électorales (il y aussi des contraventions du même ordre); il essaie alors de faire prévaloir par tricherie son opinion sur celle des autres, sans attaquer directement la constitution, il tente de frauder les droits de ses concitoyens.

B. — *Particularités des crimes politiques.*

Nous venons d'énumérer les diverses catégories de crimes politiques et les traits spéciaux de chacun d'eux; il s'agit maintenant d'indiquer brièvement en quoi dans le droit positif ils se distinguent des infractions de droit commun, et même des autres crimes. Ces caractères ne s'appliquent en général qu'aux crimes et non aux délits politiques.

Nous avons cité les rigueurs plus grandes envers ces crimes, en traitant du crime ascendant. Il ne nous reste plus qu'à décrire les faveurs dont ils sont l'objet.

La première est celle qui est accordée par la Constitution française de 1848, l'abolition de la peine de mort et sa conversion en déportation dans une enceinte fortifiée. La pénalité politique se trouve ainsi découronnée. Le criminel devient un vaincu. Il suffit qu'on le mette hors d'état de nuire. D'ailleurs, y avait-il bien crime ou légitime défense? On n'en est pas très sûr, le vainqueur étant seul juge. On a vu beaucoup de déportés politiques revenir et déporter à leur tour.

Par une singulière antithèse, nous verrons qu'au contraire le crime militaire qui, comme le crime politique, n'implique aucune idée basse, fait un grand usage et abus de la peine de mort, de sort que le droit commun est moyen entre les deux.

La seconde faveur tient de près à la première, elle a cependant un autre motif. On a pensé que le crime politique n'est pas déshonorant et par conséquent, ne doit pas subir une peine déshonorante, qu'en outre, le criminel politique ne saurait être confondu avec les autres, et que les peines applicables doivent être nominalement et réellement différentes. De là la création d'une échelle pénale spéciale que nous retrouverons plus loin, l'échelle du droit politique. Rien de plus juste que de ne pas placer le condamné politique dans les mêmes locaux que les autres, ce serait lui infliger une promiscuité qu'il n'a pas méritée et d'ailleurs contaminante. Il en est de même du caractère non infamant des peines à lui appliquer, et par conséquent, ces peines doivent, semble-t-il, être différentes. Mais la difficulté commence lorsqu'il s'agit de former cette échelle nouvelle. Le critère généralement adopté est celui-ci : le condamné politique peut être privé de la liberté comme les autres, mais *il ne doit pas être contraint au travail*. C'est donc le travail qui serait infamant ! bien entendu, le travail forcé, matériel et pénible. En outre, l'expulsion pure et simple du territoire forme souvent contre le criminel politique une peine suffisante.

Il est permis de critiquer non l'existence d'une échelle de peine spéciale, mais la consistance de ces peines. Disons seulement d'une manière générale que, à supposer que la punition du crime politique soit maintenue, l'écart entre les deux échelles ne nous semble pas être assez grand. *La détention ressemble* trop à la réclusion ; la déportation dans une enceinte fortifiée ou non, à la transportation ; enfin, en matière correctionnelle, l'emprisonnement est identique à lui-même, la double échelle fait défaut. La seule peine bien spéciale et bien topique est le bannissement, mais précisément il n'est pas usité. Quant au correctionnel, l'assimilation complète est très fâcheuse.

Une règle du droit international pénal est d'interdire l'extradition, quand il s'agit des crimes politiques ; c'est une des plus grandes immunités accordées à ceux-ci ; elle se comprend, puisque cette immunité équivaut au maintien d'un bannissement volontaire, et que le bannissement est presque toujours une peine suffisante et efficace pour ce genre de crimes. D'ailleurs il est souvent difficile de distinguer en pareille matière le crime de la légitime défense, le vainqueur d'hier est le vaincu du lendemain, et l'opinion opprimée dans un pays est triomphante dans un autre ; il est juste de laisser se rejoindre les affinités.

Les infractions politiques ont un certain privilège de juridiction, à la différence des crimes qui, au contraire, sous ce rapport sont traités avec plus de défaveur. Il s'agit des délits de presse, lorsqu'ils visent soit le gouvernement, soit les fonctionnaires publics. Par exception aux règles ordinaires, la Cour d'assises devient exclusivement compétente. C'est une garantie donnée aux accusés, le jury ne dépendant nullement du pouvoir, et cette garantie est si forte que la plupart des accusés pour délit de presse sont acquittés, et que ce privilège de juridiction équivaut presque à l'impunité.

Enfin l'action publique, le jugement même de condamnation, s'éteignent pour les crimes politiques d'une manière toute spéciale, par une sorte de grâce qui fait disparaître non seulement la peine, mais l'infraction elle-même; il s'agit de l'amnistie. Elle s'applique d'ailleurs non à tel individu, mais *in rem*, à tous ceux qui ont commis le même crime, sans exception ou presque sans exception. C'est une sorte de droit d'asile dans le temps, tandis que le refus d'extradition est un droit d'asile dans l'espace.

En dehors de ces avantages généraux, il existe encore dans certaines législations des avantages spéciaux; par exemple, les crimes et délits politiques ne comptent pas parmi les infractions qui peuvent baser la récidive ni parmi celles qui peuvent conduire à la relégation. Ils ne sauraient être l'objet d'une procédure de flagrant délit. Cequi est plus important, c'est l'immunité formelle accordée au coupable s'il rend certains services sociaux ou s'il s'arrête dans la perpétration du crime. C'est que l'intérêt de la défense sociale domine aussi tout le reste, que la culpabilité proprement dite se trouve hors de cause, que la réaction même est faible et se mesure exactement sur l'utilité. C'est ainsi qu'en France le coupable qui révèle le complot et dénonce ses complices avant l'exécution complète est exempt de toute peine; de même, celui qui, dans une sédition, dépose les armes après la première sommation, n'est pas poursuivi. On va même plus loin dans cette voie et on cherche à séparer l'intérêt des simples membres d'une émeute de celui des chefs; ces derniers sont beaucoup plus gravement punis; toutes dispositions qui s'écartent du droit commun.

A côté de ces privilèges du crime politique nous avons noté déjà quelques sévérités spéciales dont il est l'objet, et surtout l'incrimination de la proposition non acceptée, du complot, des actes préparatoires, à propos du crime ascendant auquel ces dispositions se rapportent surtout. Il en est d'autres générales dont les plus remarquables sont les suivantes : à l'encontre du privilège de juridiction que nous avons signalée pour les délits de presse se trouvent des juridictions spéciales instituées pour les crimes, soit d'une manière régulière et permanente, soit dans des moments de trouble ou de tyrannie. Ces dernières sont instituées soit pendant l'état de guerre, soit pendant l'état de siège. Les tribunaux militaires se trouvent investis du droit de juger des crimes politiques, et ainsi par leur composition et leurs procédures spéciales l'accusé se trouve dégarni de plusieurs de ses garanties ordinaires. Lorsqu'il s'agit de troubles intérieurs, de coups d'Etat ou de révolutions politiques, l'anomalie des juridictions est encore beaucoup plus grave. Ce sont des commissions mixtes, composées mi-partie de magistrats choisis dans ce but, mi-partie de militaires ou d'administrateurs, qui instruisent et décident, c'est ce qui eut lieu en 1852. Il en fut de même en 1793 de l'institution des tribunaux révolutionnaires, et autrefois de ceux de l'Inquisition; alors la justice subit une éclipse totale; cependant, par une habitude innée, on préfère encore sa parodie à son absence.

Dans les temps plus calmes, les crimes politiques sont cependant soumis à une juridiction exceptionnelle. On ne veut pas les déférer au jury qui les acquitterait, ni à la magistrature qui trop dépendante les condamnerait, et l'on a voulu chercher un tribunal plus approprié, à la fois indépendant et suivant la ligne politique générale, telle est l'idée de la Haute Cour de Justice instituée chez presque tous les peuples. Mais cette idée renferme l'injustice la plus grande de toutes, celle de soumettre des crimes politiques à des juges politiques, nécessairement partiaux, tandis que c'est précisément à des juges les plus impolitiques que les crimes politiques devraient être soumis. En France, par exemple, c'est le Sénat qui juge, en trop grand nombre d'ailleurs pour pouvoir délibérer sérieusement, ayant chez les accusés des amis ou des ennemis personnels et quotidiens. Lorsque la composition est modifiée, et que par exemple, des conseillers généraux appelés de diverses provinces composent cette Cour, l'injustice s'atténue, parce que ce ne sont pas en principe des personnes politiques et qu'en tout cas elles ne sont pas en rapports incessants avec les chefs de partis, mais l'injustice subsiste, parce qu'en fait le mandat de conseiller général est devenu politique. Le retour au droit commun serait seul juste.

Dans certains pays ce simulacre de jugement n'est même pas nécessaire. En matière ordinaire, l'accusé est entouré de garanties et là où il règne le plus d'arbitraire, il conserve au moins le droit d'être jugé. Mais il en est autrement quand il s'agit de droit politique.

En Russie, l'accusé ou plutôt le suspect peut, sur un simple ordre de l'autorité administrative, être déporté en Sibérie, sans qu'on prévienne même sa famille de la mesure prise. Il en était de même en France sous l'ancien régime en vertu des lettres de cachet. On voit quelles immunités et quelles rigueurs excessives atteignent le crime politique qui ne mérite ni cet excès d'honneur ni cette indignité.

Enfin une peine singulière est toute spéciale non aux crimes politiques, car il n'y a alors ni crime tenté, ni même projeté, mais à la politique; il s'agit de l'ostracisme. Dès qu'une personne par sa situation peut devenir un danger pour la forme du gouvernement ou pour le personnel régulier gouvernant, ou qu'il s'élève une crainte de tyrannie, on peut l'exiler; cela correspond dans le droit national à ce qu'est le droit d'expulsion dans le droit international, à ce qu'est dans le droit individuel l'obligation de donner caution *to keep good behavjour.* Ce droit est ancien et persistant; il frappait Aristide à Athènes, il frappe encore aujourd'hui en France les membres des dynasties autrefois régnantes.

Telles sont les particularités très curieuses du droit criminel politique.

C. — *Moyens prophylactiques et thérapeutiques employés contre le crime politique.*

Les moyens employés pour prévenir et pour punir le crime politique nous semblent aussi peu efficaces que ceux employés contre le crime individuel, et le sont moins encore. Par ailleurs, les sévérités et les immunités spéciales qui y ont été appliquées nous semblent aussi funestes les unes que les autres.

Commençons par les moyens thérapeutiques. Ils consistent d'abord dans l'application de pénalités très sévères qui aboutissaient autrefois à la peine de mort fréquente et à des supplices; ceux-ci, ainsi que la peine de mort, ont été supprimés, et depuis, le crime politique a perdu un peu de sa violence, loin de l'avoir accrue, ce qui prouve que ces sévérités excessives étaient funestes. Il en est de même aujourd'hui de certaines peines qui ont un grand degré de rigueur, par exemple, la transportation, qui a le défaut d'assimiler trop le condamné politique au condamné ordinaire. Quant aux peines sans crime, comme l'ostracisme, elles sont d'une souveraine injustice. Les peines subies à l'intérieur de la métropole, la détention, l'emprisonnement, sont tout à fait contraires au but à atteindre; au lieu de pacifier, elles irritent; elles tiennent au système de l'expiation, qui est précisément tout à fait hors de mise lorsqu'il s'agit de faits politiques, où il y a souvent plutôt des vaincus et des vainqueurs que des victimes et des coupables; que si le régime est cellulaire, que si la cellule est un cachot, celui de Sylvio Pellico, par exemple, ceux de Blanqui et de Barbès, la passion politique se comprime, s'exaspère, devient plus violente tous les jours, et si le détenu réussit à s'évader, il cherchera à détruire l'oppresseur par tous les moyens possibles devenus légitimes dans sa pensée et souvent en réalité. Au point de vue de l'exemplarité surtout, l'effet est déplorable, le coupable devient un martyr, car pour tous, même pour ses adversaires, il subit un genre de peine qu'il n'a pas mérité et celui qui s'expose ensuite par le même crime à la même peine est un héros. Dès lors ce crime devient à la mode, il se propage avec une sorte d'enthousiasme, et les citoyens les plus tranquilles estiment de loin, s'ils ne peuvent imiter de près. Or, en matière politique, l'opinion publique devient tout, et si elle se trouve du côté du condamné, celui-ci est le vainqueur de demain. Une seule peine topique existe, parmi les peines matérielles, c'est celle du bannissement, la seule qu'on se contente d'inscrire nominalement. Le citoyen qui conspire contre sa patrie doit en être exilé; s'il conspire contre un gouvernement, il doit être relégué dans un pays où la distance le mette hors d'état de nuire; c'est ce cachot ouvert, formé par un autre sol et d'autres cieux, qui lui convient.

Les diverses immunités et aggravations attachées au crime politique viennent encore empirer cette situation. Pourquoi ces privilèges et ces rigueurs de juridiction? En envoyant pour de simples délits de presse l'accusé politique devant la Cour d'Assises avec sa solennité, on lui dresse un piédestal. Ce piédestal s'élève encore si on le traduit devant la Haute Cour de Justice; c'est là qu'il déclamera son programme assez haut pour être entendu à l'extrémité du pays. Que si l'on recourt aux cours martiales, aux tribunaux mixtes, ce qui l'attend c'est souvent la mort, mais ce qui revient à son propre parti, c'est le bénéfice du martyre. Pour plus de sûreté on le condamne sans jugement; l'injustice est à son comble; aussi le coupable, avec les circonstances les plus aggravantes, même en cas de connexité de crimes de droit commun, n'apparaît plus coupable. Les faveurs ne sont pas plus heureuses. On offre une immunité à qui dénonce ses complices; le conspirateur honorable repoussera avec horreur une telle proposition faite par la loi, ce serait le prix du déshonneur véritable. En raison du même sentiment, la grâce offerte, même l'amnistie, sont quelquefois refusées. Le privilège de juridiction, celui qui est accordé en matière de presse, procure une impunité indirecte, toujours mauvaise; ceux qui sont diffamés, même à tort, tremblent devant la publicité de débats qui tourneront à leur confusion par un acquittement trop fréquent. La répression en matière politique se trouve ainsi presque toujours manquée, tandis que par le zèle du ministère public les poursuites sont incessantes, les coupables accusés sont l'objet d'une ovation, ils deviendront bientôt les élus du peuple, car du banc de la Cour d'assises on passe de plein pied au siège de député.

Les mesures prophylactiques ne sont pas plus heureuses. D'abord elles sont injustes, puisqu'elles reproduisent encore les plus mauvais principes de l'Inquisition. Dans certains pays et certains temps on incrimine jusqu'aux pensées, pourvu qu'elles se soient extériorisées. Chez nous, la proposition de complot, le complot, les actes préparatoires viennent atteindre dans son germe le crime politique, tandis que le crime de droit commun, même déjà tenté, n'est pas toujours punissable. Nous avons déjà signalé l'injustice de l'ostracisme. L'un des plus sûrs moyens de prévention consiste sans doute dans les mesures préventives contre la presse, mais alors toute liberté politique est étouffée. Il en est de même de l'interdiction des réunions publiques et des associations.

Ce qui aurait été nécessaire, c'eût été d'empêcher le crime de se former, même en germe, par des moyens anté-préventifs, c'est-à-dire, de laisser aux citoyens un procédé régulier pour obtenir le redressement des torts et une participation au pouvoir public. Ici on a réussi en partie, mais en partie seulement, dans certains pays, en appelant tous les citoyens à l'électorat. Le suffrage universel dans son principe, car son application est très vicieuse, est un des moyens prophylactiques les plus sérieux, il tire toute raison légitime au recours à la violence, aussi les conspirations, les émeutes à main armée sont-elles devenues plus rares. D'autres procédés secondaires ont eu un heureux effet; ils consistent à mettre la représentation nationale à l'abri d'un coup de main, et surtout de la domination locale du lieu où elle est située.

D. — *Transformation de la prophylaxie et de la thérapeutique du crime politique.*

Il reste à fonder un système nouveau d'incrimination et de criminalité en matière politique, mais auparavant se pose la question préliminaire de savoir si les faits politiques doivent continuer à être incriminés ou si, au contraire, on doit penser que ce ne sont pas des infractions.

Si le crime politique ne se mêlait jamais à des crimes de droit commun qu'il teinte et auxquels il donne ce dernier caractère, on pourrait hésiter. Toute personne peut essayer de faire remplacer une forme de gouvernement par une autre, de comploter dans ce but, de se révolter même pacifiquement, mais presque toujours la violence suit, ce qui est incompatible avec un État régulier, et cette violence cause des crimes ordinaires quant à leurs effets contre les personnes et contre les biens. On ne saurait donc les permettre, d'autant plus que la conviction même de ces sortes de criminels les entraîne plus loin. Seulement il s'agit de trouver des répressions topiques.

La répression topique ordinaire doit être curative. Le criminel ordinaire est un malade de la volonté, et par conséquent c'est cette volonté qu'il faut guérir; le criminel politique n'est pas un malade, où s'il l'est, c'est plutôt de l'intelligence, il croit voir ce qui n'est pas, la vérité dans l'erreur, ou la justice dans un nouveau mode d'injustice. Le plus sûr moyen d'empêcher le crime politique, si son emploi était possible, serait de faire comprendre au partisan que, si son parti réussissait, il verrait se reproduire la plupart des injustices qu'il veut détruire. D'autre part, la peine employée contre l'acte et qui consiste soit en cellule, soit en travail obligatoire, aurait pour seul résultat d'exaspérer le criminel politique. L'orgueil est le plus fort stimulant de ce criminel; il faut pour le décourager détruire l'auréole qui l'entoure et qui cependant à chaque condamnation devient plus brillante. Il importe aussi de l'éloigner de ses partisans, car c'est ce rapprochement qui fait sa force et qui l'encourage.

On parviendra à une répression heureuse si l'on suit à la fois toutes ces directions. Il faut surtout employer les peines morales, à l'entraînement faire succéder le découragement, en enlevant un prestige funeste. Sans noter le criminel politique d'infamie, ce qui serait contraire à la justice et au bon sens, on doit prononcer contre lui des diminutions de capacité civique et familiale, le frapper dans les droits électoraux et d'une demi-interdiction civile. Il peut être utile d'élever beaucoup les amendes, surtout en matière de presse. Quant à la peine grave, ce doit être contre lui celle du bannissement; elle est topique, car le tort fait à la patrie, même de bonne foi, doit être non renouvelable, et l'éloignement seul amène ce résultat. La déportation, la détention, l'emprisonnement en cette matière doivent être abolies; pour les crimes moins graves, le domicile forcé pourrait être ordonné. Que si le criminel a commis des actes qui en droit commun seraient des crimes, et non des faits de guerre, il doit être puni de la même façon qu'un criminel ordinaire. Par ailleurs, tout privilège ou toute faveur de juridiction ou autre doivent être abolis. La rupture du ban de l'exil doit être sanctionnée par la détention temporaire.

Les mesures prophylactiques seraient plus efficaces, surtout celles que nous avons appelées anté-préventives. La principale serait un état politique meilleur où les réclamations politiques pourraient se produire librement et efficacement, ce qui comporterait la liberté d'association, celle de réunion et aussi la représentation des minorités, le tout joint à la liberté politique de la presse dans les pays où elle n'existe pas. Dans ces conditions, le crime politique devient sans excuse, et comme il n'y a pas d'effet sans cause, il disparaît. La prophylaxie est plus grande encore si au gouvernement indirect on ajoute le gouvernement direct, c'est-à-dire si l'on institue le droit de referendum, et aussi le régime fédératif qui empêche la guerre civile entre les diverses provinces. La liberté religieuse, maintenant générale, était déjà une des sources les plus abondantes du crime politique. Ce sont les substitutifs de la peine particuliers au crime politique. Ce qui le perpétue, c'est sa confusion trop facile avec le droit de légitime défense politique, de réaction pénale politique. Lorsque cette légitime défense ne sera plus jamais nécessaire, le crime se dégagera plus nettement, il n'aura plus l'approbation publique, il se rapprochera du crime de droit commun ; l'emploi de la violence ne peut être approuvé lorsque les autres moyens restent possibles. Le criminel politique n'ayant plus de position privilégiée ni pour ni contre lui ne sera plus tenté de le devenir.

Nous traiterons maintenant très brièvement des autres crimes nationaux ; ils ne présentent pas l'intérêt tout spécial du crime politique, et se rapprochent de plus en plus du crime de droit commun.

2ent. — CRIMES ET DÉLITS POLITIQUES EXTERNES

Ce sont des crimes politiques improprement dits. Il s'agit des crimes et délits contre la sûreté extérieure de l'État. En raison il nous semble que la qualification de crime politique devrait leur être retirée, car ils n'en présentent nullement les caractères essentiels, surtout celui de crime non déshonorant. Celui qui veut renverser un gouvernement pour un autre de son choix et qui le fait par la violence, commet un acte dangereux, même nuisible, mais qui n'entache pas son honorabilité; il est beaucoup au-dessus du criminel de droit commun, on comprend que son traitement soit tout autre, qu'on ne lui applique pas la peine de mort, qu'on lui épargne les travaux, qu'il ne soit pas l'objet d'une extradition. Celui qui trahit son pays et le livre à l'étranger pour de l'argent est tout autre, il est au-dessous du criminel de droit commun; son crime dans l'opinion publique et en réalité est l'un des plus déshonorants, il mérite la peine de mort, si celle-ci est jamais méritée, et est digne de marques spéciales d'infamie. Que si ce n'est pas par convoitise qu'il agit ainsi, mais par ressentiment, si un Français livre la France dans le but de se venger, le déshonneur est moindre, mais il n'est pas nul, ce n'est pas là un véritable crime politique.

Cependant cette distinction n'est pas faite par la plupart des législations. Abstraction faite des motifs, le crime contre la sûreté extérieure de l'État est assimilé au crime politique et en obtient en partie les avantages. Autrefois les deux étaient compris sous la dénomination de crimes de lèse-majesté. Aujourd'hui, comme les crimes politiques proprement dits, ceux-ci sont exempts de la peine de mort, on leur applique l'échelle pénale de droit politique, l'extradition pour eux est interdite; les condamnations ne sont pas comptées pour la relégation; les coupables qui dénoncent leurs complices sont exempts de peine. Cette assimilation inconstestée en droit nous semble souverainement fausse et injuste en législation. Le traitre, l'espion, celui qui porte les armes contre sa patrie, quelque soit le motif, diffère profondément de celui qui prend part à une guerre civile ou à un complot; il en est de même à plus forte raison s'il y est poussé par un motif vil.

Les faits qui constituent ce délit sont souvent prévus à la fois par le Code pénal ordinaire et par le Code pénal militaire, ce qui revient à dire que dans ce second cas la peine reçoit une aggravation, et en même temps la plupart des immunités disparaissent. On distingue d'autre part, si le crime a été commis en temps de guerre et en face de l'ennemi ou seulement en temps de paix.

Ces principaux crimes sont ceux d'avoir porté les armes contre son pays, d'avoir trahi de diverses manières, de s'être livré à l'espionnage. Les peines sont justement sévères, mais c'était le cas ou jamais d'appliquer la peine de mort.

Les législations devraient être réformées à ce sujet sur deux points essentiels. D'une part, on devrait retirer à ces crimes le caractère politique qui ne leur appartient pas; d'autre part, il faudrait dans l'application de la peine tenir compte d'un point capital, la nature du motif. Si ce motif est la cupidité, la sévérité devrait être extrême; si c'est la vengeance et le désir de faire triompher un parti, le crime *se rapproche du crime politique et la peine devrait être très atténuée.* Enfin, il faudrait distinguer partout le temps de paix et le temps de guerre. Il faudrait distinguer aussi, en ce qui concerne l'espionnage, celui exercé par l'ennemi excusable pour bien des motifs et celui dont on se rend coupable envers son propre pays. La dernière distinction, mais faite dès aujourd'hui, est celle de savoir si le crime est commis par un militaire ou par un non-militaire.

3ont. — Crimes et délits militaires et maritimes.

Le crime militaire attente indirectement à la sûreté intérieure et à la sûreté extérieure de l'État, surtout à la seconde; il est extrêmement dangereux comme le crime politique lui-même, mais comme lui il n'est pas extrêmement coupable, lorsqu'il ne conflue pas avec une criminalité de droit commun; il l'est d'autant moins que beaucoup des peines prononcées sont des peines préventives et non répressives et que celui qui les encourt désobéit plutôt qu'il ne commet un acte contraire à la moralité intrinsèque. Les peines qui l'atteignent sont donc à la fois très sévères et non déhonorantes. Tel est le principe qui domine. On ne peut que l'approuver, étant donnée l'existence de la guerre, ce qui implique la nécessité de l'armée.

Cependant, quoiqu'il en soit de même du droit politique, on ne saurait assimiler les peines du droit militaire à celles du droit politique, car le but en est différent. En matière politique, il s'agit surtout d'éliminer le coupable en le mettant *hors d'état de nuire*, il n'y a pas là de pénalité proprement dite, mais une pure défense; en matière militaire, le but n'est pas d'éliminer, car ce serait aussi dépeupler l'armée, mais de maintenir dans l'obéissance par des peines appropriées, plus sévères que le service militaire lui-même et ne mettant pas en liberté, ne faisant même pas, autant que possible, cesser ce service. Il y a donc lieu à une échelle pénale spéciale, mais différente de celle du droit politique. Nous l'étudierons ailleurs à propos des peines avec les critiques qu'elles comportent.

D'autre part, tandis qu'en droit commun depuis l'introduction du maximum et de minimum et surtout celle des circonstances atténuantes, la peine est l'œuvre à la fois du législateur et du juge, et par conséquent est loin d'être fixe, et que le juge tient compte des circonstances de chaque fait, en matière militaire on a pensé qu'il valait mieux que le délinquant pût prévoir d'une manière nette et comme à forfait la peine à laquelle il s'exposait, et d'autre part que le pouvoir laissé au juge affaiblissait trop la répression; de là, le refus des circonstances atténuantes, de sorte qu'il faut condamner à une peine importante ou absoudre. Ici la critique est permise; quelle que soit la rigueur de la peine, elle doit pouvoir s'individualiser autant que possible. Souvent le tribunal militaire ne pouvant diminuer une peine excessive, fait comme le jury, il acquitte le condamné qu'il sait coupable. Cette exagération tourne donc contre la répression (1).

La justice civile peut être lente sans inconvénients graves en matière pénale; il n'en est pas de même de la justice militaire, surtout en temps de guerre. De nombreux recours en affaibliraient l'efficacité. Aussi le conseil de guerre, comme le jury d'ailleurs, statue en dernier ressort. Cela n'est pas sans inconvénient puisque l'accusé est privé d'une garantie, d'autant plus précieuse qu'il est jugé par des juges administratifs.

L'organisation du tribunal militaire ne présente par les mêmes garanties que celle des tribunaux ordinaires. Ses membres ne sont pas inamovibles, ils sont par ailleurs sous l'autorité de chefs; ils se trouvent souvent sous la dépendance les uns des autres. Cette atteinte au droit commun se justifie encore en temps de guerre par la nécessité, mais elle n'a plus de raison d'être en temps de paix.

Enfin, il se fait une confusion entre les crimes militaires et ceux de droit commun quand ils sont commis par des militaires. Ceux-ci sont justiciables du conseil de guerre, même lorsqu'il s'agit d'infractions de droit commun. Il en résulte ce fait singulier que si des militaires et des non-militaires sont coauteurs ou complices, le non-militaire attire le militaire devant le tribunal ordinaire, tandis que celui-ci, s'il est seul, est jugé par le conseil de guerre. Ce fait est la ruine du système; si le militaire peut être alors suffisamment jugé par le tribunal ordinaire, c'est qu'il doit l'être toujours (2).

---

(1) Depuis que ces lignes ont été écrites une loi française vient d'admettre les circonstances atténuantes devant les juridictions militaires.

(2) Ici encore en France, depuis que ces lignes ont été écrites, une loi récente a modifié cette situation de droit.

Tels sont les principes spéciaux qui régissent le crime militaire, il faut y ajouter la fréquence de la peine de mort.

Le crime, le délit militaire doivent-ils rester distincts des autres? Oui, tant que l'armée existe et que la guerre est possible, en ayant soin cependant d'y apporter quelques modifications. En temps de paix, les délits et crimes de droit commun devraient être jugés par les tribunaux ordinaires. Quant aux crimes ou délits purement militaires on devrait admettre pour eux les circonstances atténuantes, les jugements devraient être motivés, ils seraient en temps de paix, même en temps de guerre, mais hors la présence de l'ennemi, soumis à l'appel, et rendus avec les garanties ordinaires, les membres du tribunal devraient être tirés au sort avec droit de récusation.

Mais il n'y a là que des palliatifs. Le plus sûr moyen de faire disparaître le délit militaire, et cela est même un truisme, c'est de supprimer l'armée. Pour pouvoir le faire, il faut préalablement avoir supprimé la guerre. Cette suppression nous semble possible, mais ce n'est pas ici le lieu d'en exposer les moyens.

4ent. — CRIMES ET DÉLITS ADMINISTRATIFS OU FONCTIONNELS.

Il ne s'agit plus ici de l'infraction commise soit par un citoyen contre la nation, soit par la nation contre un citoyen, c'est-à-dire entre la collectivité et l'individu qui en fait partie. Il existe entre les deux de très nombreux intermédiaires qui transmettent aux citoyens les ordres de l'État ou à l'État les plaintes ou les vœux des citoyens. Ces intermédiaires dans l'exercice de la mission qui leur est confiée peuvent commettre des délits soit contre les citoyens, soit contre l'État; d'autre part, les simples citoyens peuvent se rendre coupables envers ces fonctionnaires agissant dans l'exercice de leurs fonctions. Ce sont les crimes et les délits fonctionnels. Ces délits sont donc tantôt ascendants, tantôt descendants; il n'y a pas ici d'infraction latérale.

Aucune échelle spéciale de droit pénal n'est créée pour ces infractions; ce sont d'ailleurs des infractions identiques à celles ordinaires, seulement chargées d'une circonstance aggravante spéciale. On peut comparer le droit pénal individuel qui aggrave le délit s'il est commis par un ascendant, un maître ou un autre supérieur, ou s'il est commis par un descendant ou un serviteur.

1° *Crimes et délits par ou contre les fonctionnaires qui transmettent aux particuliers l'action de l'État.*

Ces infractions sont celles des fonctionnaires proprement dits entre eux.

A. — *Crime ou délit commis par le simple citoyen contre le fonctionnaire public.*

Ce délit est toujours ascendant.

Le fonctionnaire pour exercer son autorité a besoin d'un respect sanctionné, qu'il soit dépositaire de la force ou de la puissance publique. La loi punit l'injure, la rébellion, les voies de fait commises, depuis celles contre le magistrat ou le chef de l'Etat jusqu'à celles qui atteignent le gendarme ou le garde-champêtre, toutes les législations sont dans le même sens.

Le seul point délicat est de savoir si l'acte de rébellion ne constitue pas quelquefois un acte de légitime défense, et s'il doit alors être puni. Le cas peut se présenter fréquemment ; le fonctionnaire abuse de ses droits ou les dépasse et commet un acte d'arbitraire. Le citoyen qui en est la victime sera-t-il tenu de le subir, sauf à réclamer plus tard ? Evidemment non, car le dommage peut être irréparable ou il peut le craindre. La rébellion est alors légitimée, surtout lorsque les pouvoirs sont dépassés.

Cependant, en raison des difficultés pratiques, toutes les législations n'admettent pas cette vérité ; tout citoyen est enclin à croire qu'il est dans son droit et provision est due à l'autorité. Nous ne saurions admettre un tel système ; si l'erreur est trop grande, le citoyen devra en subir les conséquences, mais s'il a raison, il doit être indemne.

B. — *Crime ou délit commis par le fonctionnaire contre le citoyen.*

Ce crime est tantôt descendant, tantôt ascendant, tantôt latéral.

Il est descendant quand il est commis par le fonctionnaire contre le simple citoyen, ascendant quand il l'est contre l'Etat, latéral lorsqu'il l'est de fonctionnaire d'un certain ordre à fonctionnaire d'un autre ordre.

a) *Crime descendant.*

C'est celui du fonctionnaire contre le citoyen qui est le justiciable ou le contribuable ou plus généralement l'administré.

Les crimes ou délits ainsi prévus par les Codes sont : 1° l'attentat à la liberté et la détention illégale ; 2° la soustraction commise de sommes déposées par des particuliers ; 3° la concussion, c'est-à-dire la perception d'impôts plus forts que ceux établis par la loi ; 4° l'immixtion dans des affaires ou un commerce incompatibles avec leur autorité ; 5° le corruption, c'est-à-dire le fait de recevoir des dons ou présents pour un acte favorable au corrupteur ; 6° la violation de domicile ; 7° le déni de justice ; 8° l'emploi de la violence dans l'exercice des fonctions ; 9° la violation du service des correspondances.

b) *Crime ascendant.*

C'est celui que le fonctionnaire commet contre l'Etat lui-même, son supérieur.

On peut citer les infractions suivantes : 1° l'emploi de la force publique contre l'exécution d'une loi ou d'un ordre de justice ; 2° l'exercice de l'autorité publique illégalement prolongée ; 3° les censures exercées par l'autorité ecclésiastique ; 4° la coalition de fonctionnaires ; 5° la soustraction de deniers publics.

c) *Crime latéral.*

Il se réalise par les empiétements et les conflits des fonctionnaires d'ordres différents les uns contre les autres. On peut citer l'empiétement réciproque des autorités administratives et judiciaires, par exemple, l'action par les juges de statuer par voie réglementaire ou de ne pas s'arrêter devant le conflit administratif soulevé.

2° *Crimes et délits par ou contre les personnes publiques qui transmettent à l'Etat les volontés individuelles.*

Il s'agit ici non plus des fonctionnaires, mais des mandataires élus par les citoyens, députés, conseillers généraux, chargés de les représenter. Ils peuvent commettre, en leur qualité, des infractions contre les autres pouvoirs publics ; c'est dire qu'il s'agit de crime latéral. Il peut y avoir empiétement du législatif sur l'exécutif ou le judiciaire, de l'une des Chambres sur l'autre. Ces infractions ne sont pas, du reste, prévues pénalement par les Codes, mais donnent lieu seulement à des réglements de conflits.

Telles sont les diverses sortes du crime national et le droit pénal spécial qui en est la conséquence.

Il existe à côté, au moins en embryon, un droit prémial. Les services rendus par les citoyens à l'Etat sont récompensés, mais d'une manière rudimentaire et sans garanties, surtout en matière militaire ; il en est de même des services administratifs, mais ces récompenses sont données à la faveur, ce qui vicie tout.

Quant au droit probateur et au droit sanctionnateur, sauf les anomalies que nous avons signalées, ils ne diffèrent pas de ceux de droit commun.

V

DU CRIME INTERNATIONAL

Dans la sphère internationale se retrouvent les mêmes divisions et les mêmes phénomènes que dans la sphère nationale et dans la sphère individuelle, mais avec des différenciations très marquées. Il peut y avoir crime de *nation à nation*, *crime international*, il peut y avoir *réaction pénale* aussi, par suite de ce crime ; enfin, une application nécessaire doit être faite de l'une à l'autre. D'autre part, la mission du droit pénal entre nations consiste non seulement à déterminer les incriminations et les peines et à faire l'application de celles-ci, mais aussi à prouver les infractions commises. Mais ce qui différencie profondément le droit pénal international du droit pénal individuel, c'est l'*absence d'intervention d'une Société supérieure* à l'agresseur et à sa victime pour juger entre eux ; chacun, en droit international, se trouve réduit à se *faire justice à soi-même*. Tandis que l'individu est sorti du *stade violent* et a remis sa vengeance, la réparation de l'infraction et même sa défense légitime, soit dans le présent, soit pour l'avenir, aux mains de l'Etat protecteur le plus puissant, les Etats, n'ayant personne au-dessus d'eux à invoquer ou à craindre, doivent se défendre eux-mêmes, se venger, se préserver, de là l'état de *guerre* qui, en actualité ou en puissance, reste permanent. Cette circonstance de la plus haute importance exerce son influence sur le crime international et sa réparation, si bien qu'un tel sujet exigerait un livre. Si nous le *condensons*, c'est que nous voulons montrer sa véritable nature et comment il rentre essentiellement dans la criminologie et la pénologie ordinaires.

En effet, pour beaucoup de publicistes, la guerre est une *procédure*, procédure souvent funeste, il est vrai, et *injustement* employée, mais procédure *nécessaire*, de même que le *duel judiciaire* a pu être considéré comme indispensable à certaines époques. Cela est inexact; dans le duel judiciaire, qui était bien une *procédure probatoire* dérivant de l'idée du *jugement de Dieu*, le résultat était considéré comme une *preuve de bon droit*; les juges laïques le déclaraient et rendaient un jugement; le vaincu se soumettait et ne cherchait pas à recommencer la lutte. Dans la guerre *internationale*, au contraire, la victoire ne décide rien, si elle n'a pas pour résultat de mettre l'une des parties totalement hors d'état de nuire, et alors même le résultat n'en est jamais que provisoire, tant que l'état d'infériorité dure. Ce n'est donc pas dans le duel judiciaire ou ordinaire qu'il faut chercher à la guerre internationale ou civile une institution analogue, mais seulement dans la *guerre privée*. La *guerre n'est point une procédure*, mais de la part de l'*agresseur* une *violence*, comme la *tentative de meurtre* de la part de l'*assassin*, et si ce mobile n'existe pas toujours d'une nation aux nationaux de l'autre, il existe au moins de nation à nation; par contre, la *guerre purement défensive* est un acte de *légitime défense*. L'assimilation est complète. La nation qui, sans motifs suffisants, c'est-à-dire sans avoir à se défendre elle-même, en attaque une autre, est une *nation criminelle*; elle l'est d'autant plus que cette autre nation est davantage dans l'impossibilité de se protéger. Mais cependant, une difficulté surgit qui n'existe pas quand il s'agit des individus, du moins, dans le stade actuel où la protection sociale les couvre. Le citoyen qui a le bon droit pour lui, ou qui croit l'avoir, peut s'adresser aux tribunaux, quelquefois il se trompe, mais son erreur n'aura pour conséquence que des frais à sa propre charge. Au contraire, une nation *croit se défendre alors qu'en réalité elle attaque*; elle peut être injuste, tandis qu'elle croit posséder le bon droit; rien ni personne ne la retient ni ne l'éclaire; par contre, une nation qui *attaque dans la forme* ne fait parfois que se *défendre au fond*, sachant les intentions de l'ennemi et *le prévenant* avant qu'il soit entièrement préparé. C'est ce qui se produisait aussi autrefois pour la réaction pénale individuelle avant l'intervention sociale. Une telle situation rend la guerre *moins souvent et moins absolument criminelle* qu'elle ne l'eût été sans cela. Le *critère* entre l'*agression* et la *légitime défense* est souvent *incertain*. C'est ce qui a fait prendre par l'*observateur superficiel* la guerre pour un *moyen de procédure*, tandis qu'elle constitue tantôt le *crime*, tantôt la *légitime défense* suivie de réaction pénale.

Le crime international de nation à nation se réalise par la *guerre offensive*, mais ce n'est pas le seul crime dans cette sphère. Les deux nations étant en thèse sur le pied d'égalité, c'est un *crime latéral*, pour ainsi dire. Il peut aussi y avoir agression injuste de la part d'une nation contre les *nationaux d'une autre*, pris individuellement, et réciproquement de la part de nationaux contre l'ensemble d'une autre nation; alors le crime est *descendant* ou *ascendant;* enfin le crime peut être commis par le *citoyen d'un pays contre un citoyen d'un autre pays*, sans que la nationalité soit atteinte dans sa *collectivité*. Cette dernière branche du droit pénal international constitue un droit qui n'a pas de dénomination spéciale dans le vocabulaire juridique actuel. Quant aux deux autres, on ne leur donne point le nom de droit pénal, mais on les considère comme des fractions du droit international public. Tout cela est fort inexact. Quelques mots de classification nous semblent indispensables ici.

Dans la sphère *individuelle*, il faut distinguer le droit *primaire*, soit *déterminateur*, soit *probateur*, soit *sanctionnateur*, et, à côté, deux autres droits, *droits seconds*, nés de la violation ou de l'exaltation des premiers, le droit pénal et le droit prémial. De même, dans la sphère internationale, le droit primaire consiste à déterminer les rapports entre les divers Etats, entre chaque Etat et les citoyens de l'autre, entre les citoyens des divers Etats entre eux, à prouver ces liens lorsqu'ils sont conventionnels ou légaux, ou résultant de traités, et à les sanctionner par l'exécution forcée. Cela constitue le droit international *public* et le droit international *privé*. Mais de la violation de ces droits naissent les *droits seconds*, l'un, le droit *pénal international*, et l'autre, le droit *prémial international*. Négligeons ce dernier. Le droit pénal international est de trois sortes, il naît de la violation des liens entre deux nations, ou de celle des liens entre une nation et les citoyens de l'autre, ou de celle des liens entre les citoyens de nations différentes. Or, les liens naturels ou conventionnels entre nations sont violés par la *guerre;* ceux *entre une nation et les nationaux de l'autre*, par des *persécutions*, des expulsions ou des *expropriations* injustes; ceux *entre les citoyens de différents Etats*, par les *crimes ordinaires*, mais dont la poursuite est devenue plus difficile par suite du principe de la souveraineté de chaque Etat. Nous proposons de désigner ces trois droits par les noms suivants : 1° *droit pénal de nation à nation;* 2° *droit pénal d'étranger à nation;* 3° *droit pénal d'étranger à étranger*. Des termes plus techniques, n'étant pas usités, pourraient induire en erreur. Le numéro 2 comprend les deux faces inverses : droit pénal d'étranger à nation et droit pénal de nation à étranger. On pourrait aussi se servir de deux termes se rapprochant de ceux déjà usités aujourd'hui : droit *international public pénal*, droit *international privé pénal*, mais cette division serait moins détaillée que la précédente et renfermerait moins de termes.

Iont. CRIMINOLOG[illegible]LOGIE DES CRIMES

Cette partie est ordinairement *exclue du droit pénal*. Sans doute, il y a des crimes, et leur répression est possible, d'un individu d'une nation à un individu d'une autre, de même qu'entre deux individus d'une même nation ; sans doute, le citoyen d'une nation peut en offenser une autre, ou telle nation exercer contre un particulier des actes de déprédation ou de rétorsion, et, on peut faire rentrer ces phénomènes dans le cercle de la criminologie. Mais il en est autrement des *actes collectifs entre nations*; ils peuvent être justes ou injustes, pacifiques ou violents, mais, dans tous les cas, on ne les comprend point parmi les crimes, mais seulement parmi les *actes hostiles d'attaque ou de défense*. L'*idée de justice perd ses droits* ou devient tout-à-fait platonique ; la force semble avoir un règne naturel. On ne peut assimiler même cette situation à celle du règne de la vengeance privée entre particuliers, où sans doute l'exercice de la justice est violent comme celui de l'injustice, mais repose cependant sur un principe. Il semble qu'entre nations tout doive rester livré à un hasard aveugle. Aussi, lorsqu'une nation, hors de résister par sa petitesse, succombe, il n'existe point d'*indignation internationale*, ou en tout cas, cette indignation ne se tourne jamais en action. C'est ce qui a eu lieu à plusieurs époques importantes de l'histoire, par exemple, lors du démembrement de la Pologne, lors de l'asservissement de la Grèce, à propos des massacres des populations chrétiennes de la Turquie, et, à une heure récente pendant la guerre de l'Angleterre dans le Sud-Afrique. Ces crimes internationaux ne sont nullement qualifiés crimes, c'est l'*exercice du droit du plus fort*, excessif sans doute, mais qui n'a rien à voir avec le vol et l'assassinat. Et s'il en est ainsi en ce qui concerne le *but* de la guerre, il en est de même en ce qui concerne ses *moyens*. Les plus cruels, les plus immoraux, s'ils sont blâmés à la surface, sont tolérés au fond ; l'incendie du Palatinat n'a jamais excité une colère véritable ni chez les contemporains de cet acte odieux, ni plus tard. Le meurtre d'enfants, de vieillards, le viol des femmes, semblaient des épisodes regrettables, mais inévitables, à une époque cependant où la moralité était assez élevée et où, en temps ordinaire, de tels actes eussent été punis de peines draconiennes. En vain, de nos jours, une campagne sérieuse a-t-elle été entreprise contre la guerre ; elle convainc chez beaucoup de personnes la raison, parce que, en effet, la guerre est une absurdité évidente, mais elle ne soulève pas facilement l'indignation contre la guerre elle-même, dans ses buts, dans ses moyens. La vue même d'un champ de bataille évoque des idées de gloire, de courage, de vertu, et les atrocités restent au second plan.

Un tel état d'esprit doit profondément *étonner*. Le meurtre n'est-il pas toujours un *meurtre*, même lorsqu'il devient *collectif* ? Les déprédations ne constituent-elles pas toujours un *vol*, sans compter les crimes plus odieux ? Sans doute, lorsqu'on *joue sa vie contre celle d'un autre*, au moment même le meurtre s'explique, puisqu'*individuellement* il est causé par la légitime défense, mais combien d'habitants inoffensifs périssent par le fer ou le feu ! Il est vrai qu'il s'agit alors des excès de la guerre et non de son exercice régulier. Quoiqu'il en soit, l'esprit de la plupart se refuse à assimiler la guerre à un crime, même lorsque le motif en est injuste. C'est, suivant nous, une erreur profonde. La guerre, lorsqu'elle est injuste, constitue bien un crime, le *crime international*. Cependant, il faut analyser psychologiquement la tendance contraire que nous venons d'indiquer, et on en découvrira les racines.

Le meurtre, ou plutôt la série de meurtres qui constituent la guerre, s'expliquent et même se justifient de la part de chacun des combattants qui donnent la mort. Ils se trouvent contraints, par la loi nationale, à se mêler et à prendre part au combat. On les met en face d'ennemis armés qui cherchent à les détruire. Ils se trouvent donc individuellement en état de légitime défense. Ils *tuent pour ne pas être tués*. En outre, ils tuent pour défendre leur patrie juste ou injuste, bonne ou mauvaise, pour empêcher qu'elle ne soit conquise, asservie. Ils cherchent à terminer la guerre le plus vite possible en anéantissant les obstacles et, dans ce but, exposent activement leur vie déjà exposée passivement ; loin d'être un crime, un tel acte est de l'héroïsme ; on comprend que cette boucherie puisse aboutir à la gloire. Il faut supposer cependant, pour apprécier ainsi, que le soldat ne fait d'actes d'agression que sur le champ de bataille et contre d'autres soldats, qu'il n'emploie pas de manœuvres déloyales, qu'il ne donne pas la mort à ceux qui se constituent prisonniers, qu'en un mot il suit les règles ordinaires du droit des gens. Dans cette condition, la guerre n'est pas le *crime international d'individu à individu*; c'est pour cela que son caractère criminel a été méconnu le plus souvent.

Mais c'est bien le *crime international de nation à nation*, ce qui est très différent. Cependant, même sur ce point, l'opinion générale est contraire et peut s'expliquer. En effet, même *de nation à nation*, la guerre n'est pas toujours le crime international; elle ne l'est pas de la part de celui qui se défend, quand même il aurait pu empêcher la guerre, par le sacrifice de tous ses intérêts ou de son honneur. Elle est même alors, non seulement de la part des individus qui la composent, mais de la part de la nation elle-même, un acte d'héroïsme. La guerre offensive, injuste, constitue seule le crime international. Mais il est souvent *difficile de distinguer* entre les deux; une guerre peut être offensive en apparence et défensive en réalité; l'inverse est possible aussi; on peut prévoir une attaque prochaine, prendre les devants. Ce n'est pas tout, une nation peut avoir à *la fois tort et raison* dans ses prétentions, ou plutôt il peut être douteux, comme dans tout procès, de quel côté se trouve le droit. Sans doute, les deux nations feraient mieux de ne se pas battre, de confier la décision à un arbitre; c'est ce qui a lieu surtout pour les questions de frontières. Dans ce cas, il n'y a pas, à proprement parler, d'agresseur; d'ailleurs, aucune des deux nations ne cherche à détruire l'autre, et la guerre se rapproche alors du duel judiciaire. Ainsi, il existe des cas nombreux où il n'y a pas de crime international proprement dit, parce qu'il n'y a pas de guerre injuste et d'agression de la part de l'un ni de l'autre des combattants. On voit combien la situation peut devenir complexe et qu'alors le caractère criminel s'efface, c'est ce qui a impressionné l'opinion publique depuis des siècles, et ce qui a fait ranger la guerre plutôt parmi les procédures que parmi les crimes.

Mais il existe des cas où cette *ambiguïté* n'existe pas, et où la guerre est nettement soit un *crime*, soit un acte de *légitime défense*, et même pour opérer ce classement il est souvent facile d'écarter les prétextes qui le voilent. Une guerre est déclarée par une nation forte à une autre faible dans le but de s'emparer définitivement de son territoire et de la réduire en servitude; alors il y a crime international de la part de la première et légitime défense de la part de la seconde. Une telle hypothèse est loin d'être rare. Quelquefois les voies sont détournées; on commence par un *protectorat*, puis quand la nation soumise veut secouer ce joug, on l'accuse de *rébellion*. Tel fut le procédé souvent employé par les Romains; presque toutes les guerres furent injustes de leur part, comme de celle de tous les conquérants conscients. De la part des *civilisés* contre les *non civilisés*, la guerre a presque toujours ce caractère, c'est du moins celui des guerres faites par les Anglais colonisateurs. Ce n'est que dans les querelles de frontière, de prédominance continentale ou maritime, de questions d'honneur du drapeau, que le caractère peut devenir incertain.

La guerre internationale modifie son caractère, suivant qu'elle a lieu entre peuples *de même civilisation*, ou entre peuples *de civilisation différente*, ou enfin entre un peuple *civilisé* et un peuple *non civilisé*. Il y a là une distinction essentielle fondée sur des raisons *anthropologiques* ; le caractère criminel de la guerre, même agressive, peut s'atténuer et même disparaître, à moins que les règles de l'humanité ne soient elles-mêmes enfreintes. Lorsque les deux nations belligérantes sont dans un état de culture à peu près semblable, leur lutte est *fratricide*; ce sont des *hommes homogènes* qui s'entretuent, et cette action est presque aussi peu naturelle que la guerre civile. Si, de plus, il y a communauté de race, la guerre devient tout à fait injustifiable. Si, enfin, la situation politique est à son tour commune, si les peuples sont liés par un lien fédéral, la guerre devient presque une lutte de citoyens à citoyens; elle est dans la sphère internationale ce que la guerre de sécession est dans la sphère nationale. Au contraire, si les deux peuples sont très civilisés, mais si leur civilisation diffère jusque dans leurs principes, par exemple, s'il s'agit d'Européens et de Musulmans, d'Occidentaux et de Chinois ou d'Indiens, il y a *hétérogénéité*, et celle-ci se réalise par l'atténuation du caractère inhumain des combats. C'est ainsi qu'au moyen-âge, grâce surtout à la différence des religions, Chrétiens et Arabes se considéraient *à peine* réciproquement comme des hommes, et que le meurtre ou la réduction en esclavage étaient pour eux des actes plutôt saints. Mais l'abîme peut se creuser plus profond encore. La civilisation chez l'un des peuples peut être nulle, l'homme sauvage est presque assimilé aux animaux, on le tue sans pitié. C'est ainsi que la race noire a eu à souffrir toutes les cruautés de la part de la race blanche; il en a été de même de la race rouge en Amérique. Tout au moins, de tels peuples sont dépossédés sans façon de leur territoire. Il n'y a dans les guerres contre eux ni foi, ni loi. Sans doute, une telle conduite est injuste, mais nous devons tenir compte ici des habitudes psychologiques pour ne pas faire de sociologie purement abstraite.

Nous étudierons donc successivement : 1° la guerre internationale *normale*; 2° la guerre entre peuples *plus rapprochés* que la normale; 3° celle entre peuples *plus éloignés*, ce qui comprend ceux de civilisation tout à fait différente, et les peuples non civilisés; à ce dernier groupe se rattachent les *guerres coloniales*.

A. — *Guerre internationale normale.*

Cette guerre est celle qui éclate entre deux nations *similaires*, non par les *races*, mais par le *degré* et la nature de la *civilisation*, par exemple, entre la France et l'Allemagne, la France et l'Angleterre, la France et la Russie, la France et l'Italie. Elle est réglée alors minutieusement par les règles du *droit des gens*, soit tacites, soit codifiées. Son caractère spécial, c'est qu'elle n'est modifiée ni par le principe ethnique, ni par le principe ethnologique qui viendront, au contraire, agir sur elle dans les divisions suivantes.

Elle forme tantôt un véritable crime international, lorsqu'elle est offensive et que cette offensive n'est pas justifiée, tantôt un crime international *qualifié*, c'est-à-dire *aggravé*, lorsque les règles du droit des gens y sont violées par les moyens employés ou que le combat est véritablement inégal, comme dans un duel déloyal, tantôt un crime international, mais pleinement justifié, lorsqu'il s'agit de la guerre purement défensive qui correspond au cas de légitime défense, tantôt un crime international excusable, lorsque le caractère agressif n'est pas net, ou que le bon droit de chacun des belligérants est douteux. Nous étudierons successivement ces diverses natures de crimes.

1° *Crime international simple.*

Il s'agit de la *guerre normale* entre peuples de civilisation et de forces *équivalentes*, exécutée par des moyens *loyaux*. C'est celle dont la nécessité et la légitimité est soutenue, encore aujourd'hui, comme le seul moyen de vider les différends entre nations; pour certains esprits, en effet, il n'y a pas là crime international, mais seulement moyen de procédure et de décision nécessaire, à défaut d'autorité supérieure commune. Nous avons réfuté cette idée.

Nous étudierons : 1° les diverses *sortes de guerres*, c'est-à-dire leurs différents *buts* et *motifs*; 2° leurs *résultats*; 3° leurs *maux*; 4° leur *rôle sociologique utile*; 5° leur *remède* possible et leur *pénalité*.

Les guerres peuvent se ramener, d'après leur but, à un petit nombre de classes. Si l'on suit l'évolution, les premières furent *déprédatrices*. Il ne pouvait être question de conquêtes lorsqu'il n'y avait pas de territoire approprié, même ethniquement. La proie enlevée, on mettait à mort les vaincus, de peur de revanche de leur part, ou on les chassait au loin vers des territoires inhospitaliers; c'est ainsi que se font encore souvent aujourd'hui les guerres coloniales. Cette idée de déprédation subit bientôt deux modifications avec lesquelles elle subsista longtemps. Les richesses à s'approprier ne sont pas toujours aux mains des vaincus, mais seulement sur leur territoire. D'abord il n'y a pas de territoire agricole, ni de territoire minier, mais un seulement de *pâturage* ou de *chasse*. C'est en expulsant le rival, ou en chassant ou en faisant pâturer à sa place qu'on en profite. Souvent depuis c'est la richesse d'un territoire qui a attiré le conquérant, mais d'une manière plus durable. Aujourd'hui encore, ce fut l'unique cause réelle de la guerre du Transvaal à laquelle nous avons assisté; ce sont leurs richesses minières, non encore totalement exploitées, qui ont attiré l'invasion anglaise dans le pays des Boers. La seconde modification de la déprédation fut une *addition utile de population* au peuple vainqueur; tantôt l'annexion de femmes semblait nécessaire, de là une des causes d'exogamie violente; tantôt il fallait des esclaves chargés du travail manuel et laissant au vainqueur le loisir de continuer à s'occuper des œuvres guerrières. Chez les fourmis les guerres sont à la fois *déprédatrices* et *esclavagistes*. Aucune *haine* n'y préside, mais seulement l'*intérêt*, c'est la première manifestation, la plus violente, de la lutte pour la vie. L'avantage, pour le vaincu, est de conserver la vie, mais à quel prix!

Quelquefois la vie et la liberté sont laissées aux vaincus, mais ils doivent fournir un *tribut* annuel qui permette au vainqueur de vivre sans travailler. De temps à autre, le tribut sera augmenté, sous menace de nouvelle guerre. De nos jours encore, le *protectorat* ressemble singulièrement à ce système qui était très usité chez les peuples anciens. Il aurait été coûteux d'entretenir des armées, d'occuper le territoire des vaincus, c'était une économie de frais.

Ce fut longtemps l'idée déprédatrice qui fut le mobile de la guerre; toute pensée d'ambition proprement dite ou d'honneur était exclue; aussi la guerre était à peine précédée d'une déclaration, elle ne se faisait point d'armée à armée, mais de nation à nation; aucune règle n'y présidait, et il est impossible de soutenir qu'il y avait là un moyen de procédure. On s'efforçait de surprendre l'ennemi, de le massacrer sans merci. C'était bien le crime de vol à mains armées accompagné du crime de meurtre et souvent du crime de viol.

La guerre *déprédatrice* avec ses deux modifications, *appropriation des richesses* contenues dans un pays, *appropriation des vaincus* pour en faire des instruments vivants de travail, devient peu à peu la guerre de *conquête*, laquelle aboutit à une déprédation continue. Le barbare se dirige de sa contrée infertile ou épuisée vers une contrée plus fertile, il y transporte son *domicile*, c'est la *guerre d'invasion*, c'est celle qui détruisit l'empire romain; la déprédation se dirige alors plutôt vers le *sol* que vers *l'habitant*, cependant celui-ci se trouve réduit au servage, c'est-à-dire employé aux travaux productifs. Dans la *conquête directe*, le vainqueur reste sur son territoire déjà suffisamment fertile, mais il envoie dans le pays des vaincus une partie excédante de sa population, et cette partie jouit des avantages du pays annexé en faisant travailler à son profit les vaincus restés sur leur propre territoire; en outre, ceux-ci paient au peuple vainqueur des impôts équivalant à un tribut. Le conquérant seul a la direction des affaires publiques dans les provinces annexées lorsqu'on craint que la masse des vaincus ne soit assez forte pour se révolter, et si elle a déjà tenté cette révolte, on opère souvent la *transplantation* des vaincus sur le territoire des vainqueurs et des vainqueurs sur le territoire des vaincus, assurant sa domination par ce double échange; c'est ce qui eut lieu pour les Juifs lors de la captivité de Babylone.

La *guerre de conquête* fut donc d'abord une variété de la guerre déprédatrice, mais elle prit bientôt un autre caractère. Ce fut celui d'augmenter la force militaire du vainqueur en incorporant le vaincu dans son armée, en reculant les frontières de l'empire et en donnant à celui-ci une importance se mesurant sur l'étendue de ses kilomètres carrés. Le territoire ne compta plus seulement en raison de sa fertilité, ni même du *chiffre de sa population*, mais aussi en raison de sa *superficie*, de même qu'un propriétaire ne compte pas ses biens seulement par ses revenus, mais par leur ampleur. Dès lors l'idée de domination, de gloire, supérieure aux idées matérielles, était née, et la guerre, de simple boucherie qu'elle était, devint une lutte.

A mesure que le territoire s'augmente ou s'amoindrit par une conquête active ou passive, l'attention se porte sur les limites de ce territoire, sur les *frontières*; c'est là d'ailleurs que porte l'effort de la défense éventuelle; il faut les posséder géographiquement favorables, se voir protégé par un fleuve, un chaîne de montagnes; si la frontière est en deça, il faut la pousser jusqu'au delà de cette limite, acquérir, s'il le faut, par la violence, le territoire, puis s'y fortifier; de là, la guerre de frontières qui est une des plus fréquentes.

Le but de la guerre s'idéalise ainsi peu à peu, il le fait même davantage, ce n'est pas à dire qu'en s'élevant il devient toujours par là plus légitime, car l'orgueil conduit à autant d'injustices que la convoitise. A l'intérêt se joignent les antipathies ethniques; ces antipathies sont incontestables. En France on aime et on estime individuellement un Anglais, mais depuis la guerre de Cent ans la nation anglaise, dans son ensemble, est restée impopulaire. Mais un élément plus immatériel domine souvent. C'est l'ambition et le point d'honneur; on ne souffre pas l'outrage faite au drapeau. Une nation ne peut rester injuriée par une autre sans venger cette injure. Elle compte au bilan de sa réputation des victoires même improductives. Elle déclare la guerre pour de simples raisons de préséance.

Ce n'est pas tout; la guerre finit par être cultivée pour elle-même, abstraction faite de son but; on se bat pour se battre, pour prouver son courage, c'est la *réalisation* de la *combativité* naturelle à l'homme. Le *crime se change ainsi en héroïsme* par une *singulière aberration* morale. Celui qui attaque croit de bonne foi *qu'il y a vertu à attaquer*, surtout lorsqu'on attaque un ennemi fort.

Tels sont les divers objectifs de la guerre *agressive*. Ils sont tous injustes, quoiqu'il y en ait de plus nobles les uns que les autres. Ils n'enlèvent en rien au crime international son véritable caractère. Nous ne comprenons pas parmi ces objectifs celui de la colonisation, parce que cet objectif est tout spécial et que nous en traiterons sous une des rubriques suivantes.

Les maux de la guerre sont trop nombreux et trop connus pour que nous en fassions la description ici. Même lorsque la guerre est régulière et cantonnée entre les deux armées, on sait quelle perte d'hommes et d'argent en résulte, perte difficilement réparable; dans l'intérieur d'une nation elle produit une sélection à rebours, puisque ce sont les hommes les plus valides qui périssent; elle habitue au meurtre et aux actes de violence, éteint le sentiment de la *pitié*, cause des *antipathies ethniques* ou les avive, retarde la civilisation, et quelquefois risque de l'éteindre totalement, comme lors de l'invasion des Barbares. En outre, elle prépare des guerres nouvelles, des guerres *de revanche*, c'est-à-dire des réactions pénales à l'infini, surtout lorsqu'il y a eu des conquêtes de provinces. Lorsque le territoire d'une nation a été entièrement conquis, un état violent s'établit en permanence, un véritable assassinat international a été commis; une haine profonde dure pendant des siècles; des flots de sang d'un peuple sans défense sont répandus pour empêcher toute velléité de révolte, telle a été la conséquence de la conquête musulmane; les maux et les cruautés qui suivent la guerre sont plus grands que ceux de la guerre elle-même.

Cependant la guerre a eu *son rôle sociologique* utile, de même que le *crime national*. Il y a là un côté très intéressant de la guerre, mais nous l'avons envisagé dans une étude spéciale, en même temps que les effets sociologiques transitoirement utiles du crime individuel. Il fait reconnaître cependant que ce rôle, utile historiquement, disparaît dans l'état actuel de l'évolution.

Telle est la *criminologie* de la *guerre normale*. Quelle est maintenant sa *pénologie*, soit *répressive*, soit *préventive*, et n'y aurait-il pas au delà de cette *double pénologie* des *substitutifs pénaux* qui supprimeraient le crime international? Il faut distinguer entre l'état actuel imparfait et l'état idéal possible.

Dans l'état actuel, il n'y a pas entre les nations et au-dessus d'elles de juridiction supérieure; la situation est la même qu'autrefois entre les particuliers. On peut donc étudier la réaction pénale dans son développement naturel. Cette réaction pénale est la *pénologie élémentaire*. Elle consiste d'abord dans la *légitime défense;* toute nation attaquée a le droit de repousser la force par la force; elle peut même, si l'on attente à son existence et si l'on veut conquérir définitivement son territoire, employer des moyens de défense qui seraient réprouvés s'il s'agissait de moyens d'attaque, par exemple, instituer des corps francs, tendre des embûches, car si l'on est menacé dans son existence, on peut se défendre par tous les procédés possibles.

Mais, de même que la légitime défense du simple citoyen se prolonge en droit de talion et de vengeance, de même l'attaque suivie de victoire donne lieu de la part de la nation vaincue à la réaction de revanche, revanche qui peut être retardée, même pendant des siècles, car là, pas plus que dans le droit pénal privé, la prescription n'est légitime. La nation conquise a le droit perpétuel de révolte; presque toujours elle aura acquis des forces par l'oppression même qu'elle aura subie et elle réussira; c'est alors qu'aura lieu la peine répressive de la guerre appliquée non par un supérieur, mais par la victime. Cette peine consistera d'abord dans la *restitution* de tout ce qui avait été enlevé, dans une indemnité de guerre, et en outre, dans une perte véritable infligée à la nation punie. Mais comme il s'agit d'un pur *effet mécanique*, la réaction belliqueuse engendrera, quoi qu'elle ne soit pas coupable, à son tour une réaction en sens contraire, c'est ce qui éternise les guerres entre nations.

A côté de cette *pénologie répressive* se trouve une *pénologie préventive*. Elle consiste dans une *intervention* des autres puissances à l'effet d'empêcher la guerre qui va éclater. Cette intervention est fréquente, soit dans l'*État fédéral*, soit de la part des *puissances civilisées* vis-à-vis des *non civilisées* ou des *moins civilisées*. C'est ainsi que, si en Suisse ou aux

États-Unis un État ou un canton déclarait la guerre à l'autre, il serait l'objet d'une *exécution fédérale* et d'une *peine prévue* par la Constitution. En outre, l'État centralisateur aplanirait les différends pouvant conduire à la guerre. De même, en cas de protectorat, l'État protecteur s'immisce dans les querelles entre les États protégés, punit celui d'entre eux qui apporte le trouble. Un exemple en a été donné il y a quelques années dans la guerre de Crète. Mais cette intervention forcée est exceptionnelle. Le plus souvent c'est une intervention volontaire acceptée qui a lieu; elle réussit quand la question, cause de la guerre, n'est pas trop grave.

Mais à côté de la répression et de la prévention, il existe d'autres moyens qui sont pour le droit pénal international ce que les substitutifs des peines sont pour le droit pénal individuel, ce sont les mesures *antépréventives*. Ici il y en a deux sortes qu'il faut bien distinguer: les une sont purement *platoniques*, les autres sont *effectives*.

Les premières sont seules proposées aujourd'hui; elles forment le fond de tous les projets d'abolition de la guerre. Il s'agit de l'*arbitrage volontaire* et *préconstitué*. Nous venons de voir qu'en cas de guerre déclarée ou sur le point d'éclater, des neutres peuvent offrir leurs bons offices qui peuvent être acceptés, il en résulte un arbitrage actuel qui met fin à la guerre; ce procédé est analogue à l'arbitrage entre citoyens convenu pour une contestation née. Il est peu fréquent, peut être rejeté si la solution ne paraît pas équitable et n'est jamais convenu que pour des intérêts secondaires. Il n'a été proposé récemment ni dans la guerre des États-Unis contre l'Espagne, ni dans celle des Anglais contre les Boërs. Aussi à cet arbitrage actuel a-t-on proposé de substituer un arbitrage préconstitué. Toutes les nations ou la plupart d'entre elles conviendraient de s'en remettre, pour leurs contestations à naître, à un arbitre désigné d'avance par elles-mêmes, à une nation neutre. Le litige né, elles n'auraient plus qu'à exécuter cette convention. Une telle pratique se généraliserait peu à peu et on étendrait le nombre des questions qu'on pourrait ainsi résoudre. Ce seraient des contestations d'abord pour des intérêts purement pécuniaires, puis pour des querelles coloniales ou des rectifications de frontières; l'habitude prise, l'arbitrage s'étendrait aux questions les plus vitales, en laissant en dehors seulement celles d'existence nationale. Les instigateurs du mouvement croient sérieusement que les nations en litige se soumettront à l'arbitrage convenu pour les affaires les plus graves. Quelques-uns, pour augmenter l'influence de l'arbitre, constituent un tribunal arbitral permanent qui se composerait des délégués de toutes les nations. Suivant nous, *une telle idée est un leurre*; l'arbitrage préconstitué n'offre pas plus de garanties dans les questions importantes que l'arbitrage actuel, il sera mis de côté à l'occasion. Il ne prévaudra que dans des questions d'honneur où il s'agit de sauver les apparences. On croit avoir réalisé d'immenses progrès et, le moment d'épreuve venu, le résultat sera nul.

Mais, à côté de cette mesure antépréventive, tout à fait platonique et inopérante, il en existe une autre très *effective*. Il s'agit toujours de tribunal arbitral préconstitué, mais d'un *tribunal* qui aura le droit et la force de faire exécuter sa sentence. Il aura dans ce but à sa disposition une *armée fédérale* puissante, assez nombreuse pour imposer sa volonté à l'une des nations en conflit, d'autant plus qu'alors chaque nation pourra et devra désarmer, et qu'il n'existera plus qu'une armée internationale, organe du tribunal international suprême. Il se passera ainsi entre tous les peuples ce qui se produit entre les différents États formant une confédération. Toute velléité de guerre deviendra impossible. La nation rebelle sera soumise à l'exécution forcée; en outre, elle subira une peine internationale, une amende, au profit de l'État fédéral, des dommages-intérêts envers la nation lésée, l'exclusion temporaire du tribunal international, l'entretien chez elle d'une garnison fédérale. Telle serait la prophylaxie du crime national.

2° *Crime international qualifié.*

Dans le droit pénal individuel certains codes distinguent avec soin les *délits* des *crimes*; les premiers sont des infractions intentionnelles souvent très graves; les seconds ne sont que les premiers munis d'une ou plusieurs circonstances aggravantes. C'est ainsi, par exemple, que dans la plupart des législations le duel est un délit, mais, s'il a été conduit avec déloyauté, si la mort de l'adversaire a eu lieu par traîtrise, il devient un crime. Dans d'autres législations comme la nôtre, le duel est un fait impuni, il n'est jamais poursuivi d'office, et lorsqu'il l'est par les descendants de la victime, le jury acquitte, mais il en est autrement lorsqu'il se double de la circonstance aggravante de déloyauté qui change sa nature. Il en est de même de la guerre. On pourrait dire que la guerre normale, faite d'armée à armée, avec des armes permises et loyalement, constitue, si elle est agressive et injuste, un *délit international*, mais elle devient un *crime international*, un crime qualifié, si elle est faite avec cruauté ou déloyauté ou dans des condiditions inégales. On pourrait à ce sujet appliquer à la *guerre* toutes les distinctions qu'on applique d'ordinaire au *duel*.

Il y a donc un *crime international qualifié*, bien distinct du *crime international simple*. Il s'en distingue : 1° par son *but* ; 2° par ses *moyens d'exécution* ; 3° par les *personnes* comprises parmi les ennemis ; 4° par l'*inégalité* des forces respectives ; 5° par la *réunion* de plusieurs nations contre une seule.

Le but ordinaire de la guerre est de diminuer les forces de l'ennemi pour que celui-ci consente à certains avantages désirés qui ne vont pas jusqu'à détruire son existence ou son indépendance *intégrale*. Il s'agit de posséder une *frontière* plus sûre ou plus reculée, d'avoir un *traité* de commerce plus avantageux, de commercer librement, de forcer à subir un protectorat ou à payer un tribut en contingent d'hommes ou en argent, d'enlever même une province ou des colonies, ce qui est souvent fort injuste, mais ne dépasse pas l'injustice ordinaire. Ce sera à l'État vaincu, lorsque ses forces seront revenues, à reprendre ces avantages. Mais le but devient doublement criminel lorsqu'il s'agit, comme dans les guerres antiques, d'*exterminer les vaincus* jusqu'au dernier, de les réduire *en esclavage*, de les *transplanter* dans un autre pays, et même de conquérir à toujours leur territoire, sans leur laisser aucun droit de se gouverner eux-mêmes; il en est de même lorsque la victoire est suivie d'une mise en coupe réglée périodique, et que le vaincu conquis reste toujours à la *merci du vainqueur*. Le but de la guerre est alors plus qu'*injuste*, il est *cruel*. Il en est de même quand un peuple est repoussé loin de son pays et *refoulé* vers des régions désertes et improductives où il ne peut se procurer la nourriture.

Le crime international peut aussi s'accompagner de *circonstances aggravantes* dérivant de ses *modes d'exécution*. C'est ici qu'agit pour les empêcher le *droit des gens*, soit tacite, soit déclaré par des traités partiels. C'est ainsi que certains explosifs sont interdits, parce que les blessures qui en résultent sont trop graves et trop douloureuses et ne sont pas nécessaires pour la mise hors de combat. Les Anglais, en employant les balles *dum-dum*, ont combattu avec des moyens déloyaux. Il en est de même de l'emploi de certains canons. Il est interdit d'empoisonner les sources. On ne doit pas achever les blessés, et au contraire, l'humanité exige qu'on admette des ambulances neutres chargées de recueillir ceux des deux nations; au moins, faut-il accorder toutes facilités à celles de chaque armée. De jour en jour, les conditions de la guerre sont réglementées sous ce rapport. Il est inutile d'entrer dans le détail. Autrefois on passait tous les habitants d'une ville, même la population non militaire, au fil de l'épée, on terrorisait ainsi la nation entière; aujourd'hui il n'est pas permis de continuer le combat contre les troupes qui déclarent se rendre prisonnières. Autant les progrès sont lents pour l'abolition du crime international simple, autant ils ont *réussi* pour celle de ce *crime qualifié*, cependant il n'est pas complet, et nous voyons encore les nations les plus civilisées se mettre en dehors du droit des gens lorsque leur intérêt est en cause. Sauf cette exception, la plupart des Congrès qui avaient pour objectif l'abolitition de la guerre ont eu un résultat nul sous ce rapport, mais ils ont réussi à amoindrir la guerre déloyale, le crime international qualifié; c'est ce qui s'est produit notamment au Congrès de la Haye.

D'autres circonstances aggravantes sont relatives à la *limitation* de la guerre entre les guerriers de chacune des deux nations ou à son extension aux nations entières. Primitivement et pendant fort longtemps ce sont les deux nations entières qui se battent, et si une partie, les femmes, les enfants, les vieillards, les infirmes, ne prennent pas une part active à la lutte, ils restent exposés à recevoir les coups. Lorsqu'une ville est prise d'assaut tous les habitants sont massacrés et les femmes préalablement violées, on tue jusqu'aux enfants en bas-âge. Aussi tous prennent-ils part à la lutte défensive autant que possible, et même beaucoup plus tard la partie de la nation qui ne fait pas partie de l'armée régulière, s'organise en armée irrégulière, surtout si le territoire est envahi, et fait la guerre désespérée, mais souvent triomphante à la longue, de guérillas. Ce n'est que plus tard que la lutte se cantonne entre les deux armées, même l'armée irrégulière n'a plus le droit de se battre sous peine de violation du droit des gens. A ce stade de civilisation, lorsque cette règle est enfreinte, on passe de la guerre loyale à la guerre déloyale, et pour les vaincus tous les moyens deviennent légitimes pour repousser les vainqueurs.

L'*inégalité* des forces respectives a semblé d'abord une circonstance insignifiante. Malheur aux faibles! leur situation les destine à l'absorption par un voisin. Dans un duel même, souvent l'un des duellistes est un *spadassin*, qui fait de l'escrime une sorte de métier, et l'autre n'a jamais tenu une arme, cependant on n'a jamais songé à tenir ce duel pour déloyal. Mais entre nations, une appréciation plus juste s'est fait jour, et les grandes puissances ont couvert les très petites par une déclaration de *neutralité;* sans cela celles-ci n'auraient pu subsister. Ce n'a point été générosité, mais intérêt personnel et crainte de voir un des rivaux s'agrandir à leur détriment par la possession d'une nouvelle province; il s'agit d'un motif d'équilibre. Mais cet équilibre a été souvent rompu, surtout lorsqu'il s'est agi d'un petit pays situé au loin. La neutralité de la Hollande, de la Belgique, de la Suisse est respectée, il en est de même de celle des diverses principautés danubiennes et d'États minuscules comme la principauté de Monaco ; mais en Afrique l'indépendance du Transvaal et de l'État d'Orange sont menacées par l'Angleterre d'une destruction complète et aucune des grandes puissances ne songe à intervenir. Cependant une lutte dans ces conditions disproportionnées ne saurait être légale; il ne saurait s'agir de procédure ni de preuve du bon droit, mais d'un crime international renforcé, comme si un homme puissamment armé luttait avec un ennemi désarmé.

La déloyauté d'une pareille lutte s'accroît lorsque ce n'est pas seulement une puissante nation qui s'attaque à une plus petite, mais que pour plus de certitude et dans un but de lucre *plusieurs se réunissent* pour la vaincre et la partager entre elles. Un tel crime correspond au crime individuel commis de concert par un certain nombre de co-auteurs et de complices, de même que les autres circonstances aggravantes que nous venons de décrire correspondent à celles de nuit, maison habitée, escalade, effraction, fausses clefs, qui accompagnent les vols individuels. Les attaques d'une petite nation par plusieurs grandes sont assez fréquentes. On peut en citer un exemple frappant dans le partage de la Pologne entre la Prusse, l'Autriche et la Russie.

Tels sont quelques-uns des cas où le crime international simple devient un crime qualifié. Alors l'excuse de la légitime défense dont nous traiterons tout à l'heure peut cependant exister encore quelquefois, mais rarement.

3° *Crime international justifié.*

De même que le meurtre entre particuliers est un crime de la part de l'agresseur, mais un acte licite de la part de la personne attaquée en vertu du principe de légitime défense, de même la guerre est en thèse un crime, si elle est offensive, un acte permis et même recommandable si elle est défensive. Il en est ainsi même de la guerre *qualifiée*, si les excès de rigueur sont nécessaires pour se défendre, pourvu qu'ils ne constituent pas des actes de traîtrise ou de cruauté individuelle. D'ailleurs, si la guerre offensive est faite en foulant aux pieds le droit des gens, la *même infraction sera permise* à la nation attaquée lorsqu'elle est nécessaire pour se défendre.

Cependant, de même qu'il peut y avoir dans le droit pénal individuel *excès de légitime défense* et que cet excès peut être tellement considérable qu'il constitue à son tour un crime, de même la défensive dans la guerre peut devenir tellement offensive, qu'elle constitue à son tour le crime international. Par exemple, une nation est attaquée injustement, son territoire est envahi; elle parvient à repousser l'ennemi et à envahir le territoire à son tour, elle lui fait subir, après les défaites, des exécutions cruelles, ne se contentant pas de le mettre hors d'état de nuire à l'avenir, et même elle conquiert et garde plusieurs provinces ou le sol tout entier. La *réaction a été trop forte*, et par son exagération, elle cause et autorise même une réaction en sens inverse. Les rôles s'intervertissent. C'est à bon droit que l'ancien conquérant, conquis à son tour, se révolte, défend isolément son indépendance. Malheureusement, en l'absence d'autorité, se produira ce qui eut lieu autrefois entre particuliers sous l'empire de la vengeance privée; la réaction pénale excessive entraîne une autre réaction qui en produit une troisième et indéfiniment ainsi à travers l'histoire.

La légitime défense ou la guerre défensive n'est qu'une réaction naturelle immédiate; mais souvent les circonstances font que cette réaction ne peut être que différée, c'est ce qui advient quand une nation attaquée est écrasée dans la lutte; elle ne peut se relever de suite, il se peut même que des siècles se passent avant toute velléité de revanche, c'est ce qui est arrivé pour les populations d'Europe subjuguées par les Turcs. La *légitime défense retardée* se convertit en *vengeance privée*. Au moment opportun, elle éclate, avec ses conditions sanglantes. On ne peut que l'approuver si le point de départ a été une injustice primitive allant jusqu'à la suppression de l'autonomie ou des conditions vitales qu'il a fallu subir. Contre un tel droit il n'existe pas de prescription.

A cette idée se rattache le *principe des nationalités* que nous retrouverons un peu plus loin. Lorsqu'il y a eu conquête, et que la nation conquise ne perd pas la volonté de secouer le joug, c'est que presque toujours il y a *une différence* profonde, *anthropologique* ou *ethnique*, entre les deux nationalités. Cette condition n'est pas nécessaire, mais habituelle. Si les deux nations, d'abord indépendantes, se sont réunies par mariage ou conquête, et qu'elles appartiennent à la même race, il n'y a au fond qu'union de provinces et la soudure s'opère rapidement.

Le point le plus délicat consiste à savoir si une guerre est offensive ou défensive de la part de telle nation. C'est que souvent l'apparence cache la réalité. Une nation peut prendre l'offensive en la forme, quoiqu'elle ne fasse au fond que se défendre. C'est même une des adresses de l'agresseur de se laisser attaquer après avoir de toutes façons provoqué à le faire. On peut comparer ce qui se passe alors à ce qui a lieu dans les querelles de ménage où ce n'est pas toujours celui qui parle le plus qui domine, ni celui qui, aux yeux de tous, a tort qui est le coupable réel. C'est cette incertitude qui a permis de tolérer l'existence de la guerre et qui a fait répugner à lui donner son vrai nom, celui de crime international. Où est le criminel, se dit-on? Il y en a un, mais lequel? Cette indécision neutralise la conscience publique. Aussi l'effort constant de chaque nation, c'est d'avoir pour soi le simulacre de la justice et de la bonne foi.

4° *Crime international excusable.*

Dans certains cas, il n'y a point volonté de l'une des parties de détruire l'autre, ni même d'épuiser entièrement ses forces. Il existe seulement un procès, lequel n'a pas de juge, et par conséquent, pas d'issue pacifique. Il peut s'agir cependant de querelle importante, par exemple, de la délimitation d'une frontière, de la possession d'uue colonie. C'est alors que s'applique d'une manière topique l'arbitrage international, soit actuel, soit préconstitué. Si l'une seule des nations refusait cet arbitrage offert par un tiers et accepté par l'autre, elle commettrait non plus un crime, mais un délit international. De même, si une nation vaincue dans les termes ordinaires refusait de reconnaître la décision ainsi portée contre elle par le sort, et voulait continuer la lutte jusqu'à destruction de l'un des peuples, elle commettrait un crime, de même qu'un duelliste qui veut *le duel à mort* lorsque la situation ne comporte qu'un duel au premier sang. Hors ces cas extrêmes, la guerre réciproque devient excusable, à moins que l'une des parties n'ait évidemment tort dans ses prétentions, alors c'est elle qui est coupable. Il n'y a ni agression, ni défense proprement dite, ou plutôt chacun joue ce double rôle, de même que dans une rixe dont on ne peut connaître le point essentiel. On ne peut pas dire que le délit soit absent, mais il est ignoré et excusable.

Il en est de même lorsqu'il y a *exagération* de la légitime défense.

Enfin il faut y joindre, comme dans le droit pénal individuel, l'hypothèse de la *provocation*. Sans qu'aucune autre question vitale soit agitée que la question d'honneur, une nation irritée par des vexations graves envers ses nationaux peut déclarer la guerre, même lorsqu'elle aurait pu l'éviter, puis la mener au delà de ses premières limites.

B. — *Guerre internationale entre peuples plus rapprochés qu'à la distance normale.*

Les peuples entre lesquels la guerre éclate peuvent être entre eux beaucoup plus rapprochés, et alors la *guerre étrangère* se confond presque avec la *guerre civile*. Elle est, par conséquent, plus cruelle et moins naturelle, mais aussi moins fréquente. On se trouve alors sur la limite entre le droit national pénal et le droit international pénal.

Cette guerre peut se présenter de deux manières : 1° entre les *provinces* d'un même État; 2° entre les *différents États* d'une confédération; l'une est la guerre provinciale ou de sécession, l'autre n'a pas reçu de nom particulier; 3° enfin entre une métropole et sa *colonie*.

La *guerre provinciale* peut se produire entre des races différentes réunies dans le même empire, c'est ainsi même qu'on la rencontre le plus fréquemment; mais alors, il y a, en réalité, plutôt éloignement que rapprochement dépassant la normale, aussi la classons-nous sous une autre rubrique. Mais il existe d'autres guerres de sécession n'ayant aucune base anthropologique, mais causées par des différences de climat, d'opinion, de situation économique, par exemple, celle qui éclata en 1792 dans les provinces de l'Ouest et du Midi en France, et la guerre aux États-Unis entre le Nord et le Sud. Ces guerres sont réellement *fratricides*, comme on l'a souvent répété, et forment, par conséquent, un *crime international aggravé*.

Ce n'est pas un crime national quand il existe entre les provinces une *antipathie* profonde survenue, une tendance naturelle à la séparation, car alors on peut douter s'il y a réellement deux nations ou une seule, et ce n'est point une guerre civile ordinaire; un point, du reste, est difficile à fixer, celui où il y a rébellion et celui où il y a sécession. D'ailleurs, il intervient souvent un virement et les insurgés sont reconnus plus tard comme belligérants.

Dans ce dernier cas, quelle est celle des parties qui commet le crime international? Ce n'est pas toujours le *sécessionniste*, car il peut avoir raison dans ses revendications, c'est alors le gros de la nation. Si des provinces sont gouvernées d'une manière notoire contre leurs intérêts ou leurs croyances, elles ont le droit de secouer l'oppression, de se révolter, et c'est la nation qui veut les retenir de force qui commet l'injustice. Mais parfois il est difficile de distinguer où sont les torts, les belligérants ne le peuvent pas toujours eux-mêmes, ce qui atténue leur faute.

La guerre *fédérale* est différente, en ce qu'il ne s'agit plus de provinces, mais d'États: les États ont de grandes ressemblances avec les provinces, ce qui fait qu'il n'existe qu'une nuance entre les deux cas. *Ainsi la guerre de sécession aux États-Unis était une guerre fédérale.* Il en serait de même d'une lutte entre les différentes parties de l'Allemagne ou de la Suisse. Jusqu'à quel point les États confédérés peuvent-ils aliéner leur liberté, et s'interdire à toujours l'isolement? Leur indépendance est-elle arrêtée soit par les conventions, soit par les liens ethniques ou anthropologiques? Ces *questions sont obscures*, c'est dans chaque cas qu'on peut décider si quelqu'une des parties a évidemment tort et ce n'est qu'alors qu'elle commet le crime international.

Enfin vient la guerre entre la *métropole* et sa *colonie*, qu'il ne faut pas confondre avec la précédente et dont il sera traité un peu plus loin.

C. — *Guerre internationale entre peuples plus éloignés qu'à la distance normale.*

Ici, au contraire, la guerre semble plus naturelle et le crime international, moins coupable, il existe cependant, quoiqu'un peu atténué, et même parfois renforcé, comme nous l'expliquerons tout à l'heure.

Cette guerre se produit entre peuples de races très différentes et instinctivement hostiles l'une à l'autre, au besoin, entre peuples de civilisations différentes, l'une étant généralement inférieure à l'autre, ou enfin entre des civilisés et des non-civilisés.

Dans le premier cas, la guerre devient une guerre *ethnique*, dans le dernier une guerre *anthropologique*.

a) Guerre entre peuples de races éloignées ou antipathiques.

Cette guerre éclate dans deux conditions différentes, soit lorsque les deux nations se trouvent *superposées* l'une à l'autre, soit lorsqu'elles sont *juxtaposées*. Dans le premier cas il y a guerre de sécession, mais cette sécession diffère de celle précédemment décrite qui n'avait pas le caractère ethnique.

Il s'agit de deux nations de *races* et de *langues* différentes, superposées l'une à l'autre, soit au moyen de la conquête, soit de toute autre manière, même conventionnelle, s'il n'est pas intervenu de *fusion* entre elles. Par superposition il ne faut pas entendre seulement la *superposition géographique*, mais aussi la *superposition politique*, il faut cependant les distinguer l'une de l'autre.

Dans l'Empire austro-hongrois, par exemple, avant l'établissement du dualisme, il y avait superposition, seulement politique, de l'Autriche sur la Hongrie; il en est de même aujourd'hui de l'Autriche sur la Bohême; mais géographiquement il n'y a entre ces pays que vicinité. Au contraire, la superposition est géographique de la Hongrie sur les Slovaques et autres Slaves habitant le même territoire.

La superposition géographique est assez rare; elle cause l'oppression et parfois, comme réponse, la guerre civile, mais non la sécession proprement dite; en général, les éléments hétérogènes se cantonnent territorialement; s'ils ne le font pas, la séparation est impossible. On ne peut aboutir qu'à l'exode volontaire ou forcé, ou à la fusion très lente. Au contraire, si la superposition n'est que politique, et si la fusion ne s'établit pas, ou l'appropriation définitive du sol par le vainqueur au moyen de la transplantation, la sécession se fait tôt ou tard, mais ne peut s'accomplir que par une guerre.

L'exemple de populations de races différentes ou au moins très distinctes, dont l'une se trouve sous la dépendance de l'autre, est loin d'être rare. Ce qui est remarquable, c'est que la guerre coloniale, celle-ci étant dirigée soit contre les indigènes des pays à coloniser, soit entre les nations civilisées rivales, est encore une guerre entre personnes de la même race, du même degré de civilisation et souvent de la même famille, différenciées seulement par la *distance*, par l'habitat et le climat, aussi par l'influence des populations ambiantes. Il semblerait tout naturel que la colonie, lorsqu'elle a acquis son plein développement, se *détachât tout naturellement* de la mère-patrie, comme un fruit mûr se détache de l'arbre, ou plutôt comme un rejeton parvenu à une certaine croissance quitte le tronc et prend une végétation autonome. Cependant l'histoire prouve que rarement cette séparation s'opère sans violence et sans guerre plus ou moins cruelle. La longueur de cette guerre dépend du point de maturité auquel la colonie est parvenue. C'est ainsi que les États-Unis se sont détachés de l'Angleterre lors de la guerre de l'indépendance, que toutes les républiques américaines du sud et du centre se sont successivement détachées de l'Espagne, ainsi que le Brésil, du Portugal; la dernière déclaration d'indépendance toute récente a été celle de Cuba, les Philippines avaient suivi cependant. L'Australie continuera le branle, ainsi que la Nouvelle-Zélande, quand elles se seront suffisamment développées. La colonisation est une sorte de génération par scissiparité.

Dans cette lutte entre la métropole et la colonie, où est le crime international? Est-il commis par l'une ou par l'autre? C'est ici que le fait domine le droit; il existe à ce sujet une sorte de *droit physique*. Si la colonie est naissante, en se révoltant elle commet, non un crime proprement dit, mais une sorte de *suicide*. D'abord, elle ne pourra résister et subit une répression sanglante; même triomphât-elle, elle n'aurait pas les forces nécessaires pour vivre avec succès, il lui faudrait reprendre d'elle-même la communication, voire le joug.

En outre, la métropole a fait des avances qui doivent lui être indirectement remboursés. Ce remboursement a lieu en avantages coloniaux, par exemple, par la défense de faire le commerce avec d'autres pays que la métropole. Mais si la colonie a son plein développement, elle a droit à une *existence autonome*, comme l'enfant à celui de passer de la vie *intra-utérine* à la vie *extra-utérine;* c'est, comme nous avons dit, une sorte de droit physique. D'ailleurs, elle ne peut plus être bien administrée d'aussi loin, ni par des fonctionnaires envoyés d'ailleurs; l'intérêt local domine, puis élimine celui de race et de commune origine. Les troupes envoyées sont remplacées par une milice indigène. Dès lors, la sécession, loin d'être un suicide, est une condition impérieuse de développement ultérieur.

Mais, au point de vue de la justice absolue, le bon droit est-il du côté de la colonie? Ne fait-elle pas, en combattant contre ses *ascendants ethnologiques*, une guerre fratricide et même *parricide?* La reconnaissance, même la naissance, ne doivent-elles pas continuer de l'y rattacher?

Oui, mais un événement intervient toujours qui met le bon droit du côté de la colonie et qui rend la guerre de sa part une légitime défense, tandis que du côté de la métropole c'est un crime international. Celle-ci gouverne *uniquement dans son intérêt* propre; rien de plus licite quand il n'existe dans la colonie que quelques-uns des émigrants détachés du sol primitif; rien de plus injuste quand il s'est formé une population compacte constituant une société nouvelle; alors il y a oppression de la métropole à la colonie et juste révolte de la part de celle-ci. Que si la métropole ne cède pas alors, c'est elle qui commet le crime international, le désir d'indépendance sommeille ou semble sommeiller pendant des siècles, et cependant ne fait que couver, comme le feu sous la cendre, un souffle suffit pour le réveiller. Les facteurs qui procurent ce réveil sont de natures les plus diverses, et quelques-uns semblent au premier abord artificiels; ils sont autres que le génie national proprement dit; c'est lui qui est ressuscité, mais il l'est par d'autres. C'est ainsi que l'Irlande qui a pour l'Angleterre une antipathie ethnique avait longtemps subi la domination lorsque la question agraire a révélé cette nationalité à elle-même. L'Italie a supporté le joug de l'Autriche, jusqu'à ce que le besoin d'unification ait resserré ses forces vives. La Hongrie n'a repris victorieusement ses revendications que sous un souffle révolutionnaire, et la Pologne que sous une idée religieuse, aujourd'hui éteinte. Ce qui est plus singulier, c'est le facteur du réveil de la nationalité tchèque : ce fut un réveil linguistique, la création d'une littérature, un effort de lettrés, ce qui n'empêcha pas le mouvement d'être très réel. C'est dans notre siècle que la séparation des peuples ethniquement éloignés et réunis politiquement s'est réalisée d'une manière générale et surtout qu'elle s'est constituée à l'état de principe.

Il s'agit en effet, du *principe des nationalités* qu'on pourrait appeler celui de l'*hétérogénéité ethnique*, en vertu duquel les races différentes ont le droit de vivre politiquement autonomes, sans qu'on puisse invoquer contre elles aucune *prescription*, pourvu que la *fusion* ne se soit pas encore opérée. C'est surtout à partir de 1848 qu'il a été invoqué. La guerre de sécession de la race dominée était une guerre sainte, tout au moins, une guerre juste; celle de la race dominante, pour retenir la première, une guerre injuste, un crime international. Il y a, en effet, oppression certaine de vainqueur à vaincus anciens, en tout cas, d'étranger à étranger, par le seul fait d'une cohésion involontaire d'une part et antinaturelle, quand bien même il n'y aurait pas d'autre injustice actuelle. C'est la violation d'un droit ethnologique.

Depuis, ce principe des nationalités a été très vivement contesté, comme un faux principe. On s'est basé surtout sur ce que les partisans de cette idée invoquaient, pour distinguer entre les races, les différences de langage. Or il est avéré aujourd'hui que ce critère est inexact. Deux peuples de même race peuvent parler des langues de familles linguistiques différentes ; un peuple peut adopter la langue d'une race tout autre, c'est ainsi que les Bulgares parlent une langue slave. D'autre part, en Suisse, on parle trois langues et cependant la nationalité est très homogène. Le système des nationalités n'est donc en dernière analyse, a-t-on dit, qu'un faux système ethnique, dès lors il n'est plus rien.

Réflexion faite, on a répondu avec raison qu'il est vrai que le système ne pouvait se soutenir comme anthropologiquement ethnique, mais que le critère linguistique était exact. En effet, le langage est un phénomène, non de race, mais de civilisation, de même que la religion, et plus qu'elle, parce que la religion, au lieu d'être nationale, est souvent internationaliste. D'ailleurs nationalité n'est pas race. La nationalité est constituée par une civilisation de qualité et de quantité égales, se révélant par l'habitat géographique, la religion, mais surtout par l'unité de langage. Le principe des races serait donc mieux dénommé le principe des langues; en d'autres termes, il est ethnique et non anthropologique.

Mais, ainsi transformé, il est très exact. Une nation a le droit imprescriptible de n'être subjuguée par aucune autre ; elle peut toujours secouer le joug, d'autant plus que ses intérêts sont sans cesse sacrifiés. La guerre de sécession est juste de sa part, injuste de celle de son adversaire. Elle ressemble d'ailleurs à la guerre civile, mais seulement en apparence, car la guerre civile a lieu entre parents, et la guerre de sécession ethnique entre étrangers ennemis.

b) Guerre entre peuples de civilisations différentes.

Lorsqu'au moyen âge la guerre éclatait entre les puissances de l'Europe, un lien étroit les unissait, celui de la religion commune et aussi d'une civilisation de même nature ; malgré les cruautés de l'époque, certaines règles de justice et même de fraternité éloignée s'observaient encore. Mais il en fut autrement à l'époque des Croisades et plus tard lors de l'invasion ottomane, quand le choc se produisit entre le Christianisme et l'Islamisme. Les chiens de Chrétiens étaient pour les Musulmans des êtres inférieurs qu'on devait tuer sans pitié, et la conduite actuelle des Turcs envers les Maronites et les Arméniens dérive de la même idée. De même, de la part des Chrétiens contre les Musulmans tout était permis. Les uns n'étaient pas pour les autres des hommes, et tout d'abord au moins, le droit des gens n'existait pas des uns aux autres. Un lien *suprà religieux*, la religion de l'honneur, se manifestant daus la chevalerie, jeta seul un pont entre les deux civilisations. Aussi les guerres étaient-elles sans quartier, les paix plus brèves, les conflits plus brusques.

Le même genre de guerre existe encore, par exemple, entre une nation européenne et la Chine, le Japon, l'Inde. Tel fut aussi celle qui eut lieu lors de la découverte et de la conquête de l'Amérique entre les Espagnols représentant la civilisation européenne, d'une part, et les empires civilisés du Mexique et du Pérou de l'autre. Les plus grandes atrocités furent commises.

On peut dire que la guerre dans ces conditions constitue en thèse un *crime international bilatéral* commis de chaque côté, quand elle a lieu sur les frontières respectives. Chaque civilisation antipathique à l'autre croit être la civilisation supérieure et s'arroge le droit de se répandre par les armes. Mais il en est autrement quand les deux civilisations antagonistes ne sont pas en état de vicinité. Alors c'est la nation *qui va porter la guerre* sur le territoire de l'autre qui commet le crime international, à moins cependant que ce ne soit dans le but de protéger ses nationaux attaqués. Aussi pour le cas de l'invasion de l'Amérique par les Espagnols aucun doute ne peut exister.

Cependant, abstention faite des cruautés qu'elle entraîne, la guerre entre civilisations différentes serait un crime moins grave, car il n'y a plus homogénéité entre les adversaires, et ce n'est plus le droit du plus fort seulement, mais celui de l'homme supérieur, qu'on entend faire valoir. Mais la gravité s'accroît, d'autre part, en raison de cette circonstance que le crime international est alors presque toujours qualifié. Des actes de cruauté sont commis, des moyens déloyaux employés, et l'extermination est l'aboutissement.

c) *Guerre entre les civilisés et les non-civilisés.*

La civilisation de l'une des nations aux prises peut décroître jusqu'à s'annuler, on a affaire alors aux peuples sauvages; leurs différences ne sont plus seulement *ethniques*, mais *anthropologiques;* on n'a plus ni la même dimension du crâne, ni la même couleur de la peau : blanc contre nègre ; en outre, les sauvages sont, au point de vue intellectuel, bien proches des animaux, et on sait le peu de pitié qu'on a pour ceux-ci. Ils sont d'ailleurs très difficiles à domestiquer, on n'y parvient qu'après plusieurs générations. Bien plus, on évite soigneusement toutes mésalliances avec eux, car il en résulterait une race inférieure qui bientôt irait se perdre et se diluer complètement dans la race sauvage et abaisserait d'autant la race supérieure.

Les non-civilisés peuvent se trouver avec les civilisés dans un état de vicinité ou éloignés.

Ce dernier cas s'est produit et se produit encore entre les habitants européens du Nouveau-Monde et les indigènes; ces derniers aux États-Unis, au Brésil, partout, sont de plus en plus refoulés à l'intérieur. Il se produit aussi en Australie. Une guerre déclarée ou latente a lieu de la part des civilisés qui obtiennent bientôt le dépérissement, puis la disparition des autres. Mais c'est surtout dans la colonisation que ce genre de guerre est fréquent et qu'il importe de l'apprécier.

La *guerre coloniale* a un tout autre aspect que la guerre étrangère, en général ; elle en diffère essentiellement aux yeux de tous, mais surtout du vulgaire, en ce qu'elle est lointaine, ne cause que la mobilisation de corps restreints et ne met pas en péril les frontières ni le territoire ; le résultat le plus grave est l'abandon de la colonie, ce qui n'est pas un échec à l'amour-propre quand il n'y a pas immixtion d'une autre nation civilisée. La lutte est plutôt contre le climat et les maladies. C'est un *exercice stratégique*. D'ailleurs, les hommes que l'on va combattre ne sont pas des hommes ; ce sont des êtres inférieurs, misérables, cruels, dont la survivance importe peu ; déjà *dans l'idée populaire toute nation étrangère est réputée à peine humaine*. Le sol qu'on va conquérir ne leur appartient pas, puisque ce sont des nomades. Les penseurs concluent identiquement par des raisons autres. Au point de vue anthropologique, les races tout à fait supérieures ont des droits très étendus vis-à-vis des races tout à fait inférieures, droits qui vont jusqu'à l'élimination. Ce n'est qu'entre homogènes que le droit pénal, que le droit des gens existe, non entre hétérogènes ; d'ailleurs, il importe dans l'intérêt collectif du genre humain que l'inférieur par nature disparaisse, *c'est une sélection sociale nécessaire*, que précisément les guerres coloniales ont pour résultat d'opérer. Enfin les sauvages sont hors d'état de faire valoir les richesses naturelles du sol, le sol arable, les mines, ils ne doivent donc pas les détenir, lorsque d'autres peuvent les réaliser, il y a une sorte d'expropriation pour cause d'utilité publique. Ce motif est quelquefois invoqué contre des civilisés et à une époque contemporaine. Les Anglais le donnent pour la cause de leur attaque contre le Transvaal dont les ressources ne sont pas entièrement exploitées. C'est pour la même raison que les nations européennes veulent ouvrir de force les ports orientaux à leur commerce. Ce mobile est plus puissant encore lorsqu'il s'agit des nations sauvages. Celles-ci ont d'ailleurs, en arrière des rivages, de vastes terrains vers lesquels on peut les refouler sans massacre.

Aussi le mouvement actuel en faveur de l'abolition de la guerre ne vise-t-il pas le cas de la guerre coloniale, du moins, d'une manière expresse. La guerre est dans ce domaine un instrument de civilisation, non dans ce sens qu'elle la communique aux indigènes, mais dans celui qu'elle substitue sur un sol fécondant et fécondé les civilisés à ceux qui ne le sont pas et ne peuvent guère le devenir.

La guerre coloniale est-elle cependant un crime international? Non, lorsqu'elle s'adresse à des non-civilisés proprement dits, qu'elle se fait par des moyens légaux et qu'elle n'aboutit pas à l'extermination des indigènes.

Dans une autre étude, nous indiquons quels ont été transitoirement les effets sociaux utiles du crime international, comme ceux du crime individuel ; ils ont disparu, mais ceux de la guerre coloniale, pas entièrement. C'est un *véhicule de civilisation :* sans cela la sauvagerie eût subsisté, et le sauvage est cruel, non seulement envers le civilisé, son voisin, mais aussi envers son semblable. Doit-on plaindre l'indigène pour quelques actes de cruauté commis par l'envahisseur, lorsqu'il se décime lui-même par des sacrifices humains, par de véritables hécatombes? Il reste à savoir si maintenant on ne pourrait pas, pour parvenir au même but, employer des moyens meilleurs.

Mais elle est un crime véritable, lorsqu'il s'y joint les circonstances qui feraient dégénérer le crime international ordinaire en *crime qualifié*, par exemple, lorsqu'il s'y produit des actes de cruauté, lorsque les sauvages sont massacrés ou expulsés dans des régions sans ressources, ou réduits en esclavage, ou lorsqu'on organise la chasse à l'homme.

Le crime international qui résulte alors de la guerre coloniale nécessite et légitime une action de la part des non-civilisés qui ont une légitime défense. Les sauvages ne sont pas tenus de subir une expropriation du sol, quand même il y aurait utilité publique, d'autant plus qu'on ne leur paie aucune juste indemnité. Ils peuvent se défendre par tous les moyens possibles. Ils peuvent même se venger, car la vengeance n'est que la même réaction prolongée.

Y a-t-il un *remède* possible ou une *prophylaxie* à la guerre coloniale, de même qu'il en existe une pour la guerre ordinaire? Il est en tout cas plus difficile à trouver. Il ne peut s'agir d'aucun arbitrage entre les parties intéressées, et une approbation de l'ensemble des nations civilisées vis-à-vis de l'une d'elles pourrait être une cause nouvelle de conflits. Pour le découvrir il faut remonter au motif légitime de cette guerre. Il consiste, d'une part, à répandre la civilisation, d'autre part, à profiter des richesses restées improductives d'un pays. Ces deux avantages peuvent être obtenus au moyen du *commerce* qui tend partout à remplacer les guerres comme instrument de diffusion de la civilisation et des relations internationales ; le premier pourrait être atteint par les missions des diverses religions, mais ces missions présentent cet inconvénient grave qu'elles engendrent des conflits entre les diverses confessions et qu'elles causent des persécutions de la part des indigènes, lesquelles appellent des représailles. Il faut donc non pas conquérir le sol des non-civilisés, mais ouvrir leur pays au commerce international libre; la civilisation se répandra ainsi d'elle-même. Il est vrai que les sauvages résisteront, qu'ils emploieront la violence et la ruse, et que la guerre deviendra nécessaire. Elle le sera beaucoup moins si on ne cherche pas à les expulser, presque toujours ils ont bien reçu les civilisés qui sont devenus agresseurs les premiers. Que si la guerre devenait nécessaire, comme elle n'aurait jamais pour but la conquête, mais seulement l'occupation temporaire, elle pourrait être singulièrement abrégée et simplifiée, ce qui permetrait encore de résoudre une autre difficulté.

En effet, la conquête coloniale a tôt ou tard ce résultat qu'elle met en présence les *diverses nations colonisatrices*, qui défendent, les unes contre les autres, soit leurs colonies, soit l'approche de leurs colonies. Nous avons vu qu'il y a quelques années un conflit de cette nature a été sur le point d'éclater entre la France et l'Angleterre à propos de Fachoda. De cette façon, il y a une guerre coloniale à double face. Il faut l'empêcher, car autrement les périls des frontières continentales se doublent de ceux des frontières coloniales.

Eh bien! c'est, croyons-nous, par un même moyen que la conquête coloniale serait arrêtée, sinon absolument la guerre coloniale, et que, d'autre part, la guerre entre nations civilisées à propos d'une colonie ne pourrait plus éclater. Les conquêtes proprement dites seraient interdites, et si une nation s'avisait d'en réaliser une, toutes les autres faisant partie de la *ligue fédérale* détruiraient ce résultat; il serait même interdit d'avoir une possession exclusive; aussitôt qu'une nation, par un traité avec des indigènes, aurait stipulé un établissement chez eux, toutes les autres pourraient en profiter également. Dès lors, aucun conflit ne pourrait plus naître entre civilisés à propos de colonies, puisqu'il n'y aurait plus de colonies dans le sens actuel de ce mot.

2ent. — Criminologie et pénologie entre une nation et les individus étrangers.

Il s'agit maintenant du droit criminel avec son action et sa réaction, non plus entre deux ou plusieurs nations collectives, mais entre *une nation* et les *individus d'une autre*, soit que cette autre soit en état de *guerre*, soit qu'elle soit en état de *paix* avec la première. Tandis que le premier droit constituait le *droit international public pénal* proprement dit, celui-ci ressortit surtout au *droit des gens*.

Le crime dans ces rapports peut être commis par l'individu étranger contre la nation dont il s'agit, ou par la nation contre l'individu. Dans le premier cas, le crime est *ascendant*, il est *descendant* dans le second.

Nous traiterons ici brièvement ce sujet, car, pour les principes, il se confond avec celui qui précède; et souvent la querelle entre une nation et un sujet de l'autre entraîne un conflit entre les deux nations elles-mêmes.

La lésion causée par l'offense entraîne toujours une réaction, soit immédiate, soit prolongée, et cette dernière prend ici le nom technique de *rétorsion*. Cette rétorsion sert de peine dans une matière où il n'existe pas d'autorité supérieure pour en imposer une, outre que ce mouvement reste réflexe.

Cependant, cette autorité supérieure peut se former peu à peu, plus facilement que dans le cas de conflits entre nations, par l'arbitrage ou les traités. Dès lors, la peine, au lieu d'être réactive, prend un but utile, téléologique, et aboutit à la réparation du tort et à la mise hors d'état de nuire.

1° *Crime descendant d'une nation contre les sujets d'une autre nation.*

Ce crime, qui est une violation du droit des gens, peut avoir lieu, soit dans l'état de paix, soit dans l'état de guerre, soit, dans ce dernier état, contre ceux qui ne prennent pas part à la guerre, c'est-à-dire contre les neutres.

a) État de paix.

Dans l'état de paix, il s'agit évidemment des étrangers qui demeurent temporairement ou ordinairement à l'étranger, ou qui sont simplement en passage ou en état de relations commerciales. Il s'agit aussi des navires se trouvant dans les eaux ou dans un des ports du pays. Ces étrangers peuvent être l'objet de vexations, de persécutions ou de spoliations de la part de la nation. Ils peuvent même simplement être expulsés, mais hors des cas où l'expulsion devient une mesure de légitime défense.

Toutes les hostilités faites contre des sujets d'une autre nation non belligérante sont contraires au droit des gens, sauf l'expulsion motivée, et sauf aussi celle qui est faite en masse pour des motifs non nationaux, mais économiques, comme celle qui a été prononcée par plusieurs des États-Unis contre les travailleurs chinois. Les individus persécutés ne peuvent résister, et la guerre n'éclate pas toujours pour quelques cas particuliers, mais il existe une mesure de défense et de revanche employée par la nation indirectement lésée et qui a le nom de rétorsion. Le même traitement est infligé aux nationaux de l'État agresseur se trouvant sur le territoire de l'État offensé; quelquefois même pour que ce droit, ou cette réaction pénale, puisse s'exercer, on retient des individus comme ôtages.

b) État de guerre.

Dans ce cas, l'agression contre un étranger belligérant peut s'exercer de deux manières, soit qu'il se trouve sur le territoire de la nation qui s'en rend coupable, soit qu'il se trouve sur son propre territoire envahi par l'ennemi. C'est dans la seconde situation que se produit le plus souvent le crime international.

Généralement, en cas de déclaration de guerre, les étrangers belligérants rejoignent leur propre pays, ils peuvent même être expulsés en masse, ce qui n'excède pas ce que permet le droit des gens. Quelquefois ils sont retenus en qualité d'ôtages; ce qui est une mesure inique; ou leurs propriétés sont confisquées; dans tous ces cas, il y a crime international contre des hôtes.

Ce crime est plus fréquent, mais non moins injuste, envers les *habitants non armés d'un pays envahi*. La guerre ne doit avoir lieu que d'armée à armée; tout au plus peut-on exiger des autres habitants des fournitures de denrées ou d'argent dans une mesure raisonnable; mais tout acte de cruauté, de débauche ou de spoliation est coupable, et la puissance qui a pratiqué l'invasion en est responsable. Il est possible d'empêcher de tels crimes par des promesses obtenues dans des Congrès internationaux.

Cette action engendre une réaction pénale très énergique, sans même que le gouvernement du pays envahi soit en cause. Il se forme contre l'ennemi agresseur des corps francs qui tuent par surprise et sans scrupule; bien plus, chaque paysan, même les femmes, tout le monde, s'improvise soldat, et la lutte se convertit en assassinat; il est vrai que c'est pour prévenir le sien propre, et qu'il y a, non crime international de ce côté et dans ces conditions, mais légitime défense. Malheureusement, cette réaction amène une nouvelle réaction inverse, le soldat régulier ainsi attaqué se croit tout permis, sans songer que c'est lui qui a commencé; il pille, il tue, il viole les êtres les plus inoffensifs.

C'est alors que la guerre se développe dans toute son horreur, et qu'elle finit même par se doubler de guerre civile et par ajouter le crime national au crime international.

c) État de neutralité.

Lorsque la guerre éclate entre deux nations, le crime international, la défense et la punition internationales se limitent entre eux; cependant certaines situations amènent à l'étendre à des individus des puissances neutres, soit qu'on les soupçonne de favoriser l'ennemi, soit qu'ils commercent avec lui d'une façon préjudiciable. Une partie du droit des gens est consacrée à réglementer ces rapports. Nous ne voulons que mentionner ce sujet ici.

2° *Crime ascendant des sujets d'une nation contre une nation étrangère.*

Il faut distinguer encore ici si la nation étrangère est en état de *guerre* ou en état de *paix*.

S'il y a état de *guerre*, l'individu peut offenser la nation étrangère sur le propre territoire de celle-ci par la trahison et l'espionnage, mais le cas sera rare, la guerre emportant ordinairement le départ des non-nationaux.

Au contraire, lorsque la guerre a été suivie d'*invasion*, l'habitant du territoire envahi peut commettre un crime international s'il prend part à la lutte, à moins qu'il n'y ait été provoqué par des agressions contre la population non armée. Il met ainsi l'envahisseur en état de légitime défense et l'autorise à étendre contre les habitants les actes d'hostilité qui ne doivent porter que sur les soldats réguliers.

En temps de paix, l'étranger peut se rendre coupable de faits d'agression, soit qu'il habite le territoire de l'État offensé, soit qu'il demeure sur un autre territoire.

Dans le premier cas, l'attaque peut être directe contre l'État, par exemple, s'il y a trahison, ou espionnage, ou s'adresser à l'ensemble des *citoyens ut singuli*, comme dans le crime de fausse monnaie, contrefaçon des billets de banque, elle peut n'être relative qu'aux simples citoyens dans les délits ordinaires, enfin elle peut constituer un crime ou un délit *politique*. Dans tous ces cas, l'étranger sera punissable, comme s'il s'agissait d'un national, surtout s'il se trouve encore sur le territoire au moment de la poursuite, le lieu de commission de l'infraction décidant naturellement de la compétence. Mais en outre, chaque État, même lorsqu'il n'y a pas eu d'infraction formelle, mais que l'étranger est une cause de trouble, se réserve le droit d'ordonner son *expulsion*, sans être obligé d'en donner les motifs. C'est une réaction pénale spéciale contre l'infraction dans des circonstances particulières ; c'est un droit de légitime défense étendu. Il n'a jamais été discuté et ne semble pas discutable. Cependant il semblerait juste d'exiger en ce cas, comme en tous les autres de coercition, une décision judiciaire. L'étranger peut avoir fondé un établissement commercial, s'être créé des biens de famille, avoir eu un long séjour. L'arrêté pris contre lui est arbitraire, peut-être capricieux. Si une infraction a été commise, le tribunal devrait pouvoir prononcer la *peine accessoire de l'expulsion*, avec les voies de recours ordinaires ; en l'absence de toutes infractions, le gouvernement déférerait l'étranger aux juges de droit commun qui statueraient après des débats à huis clos et sans motiver leur décision. Il faut que l'arbitraire disparaisse de tout le rouage social. D'ailleurs, quelle anomalie ! En cas de rupture du ban d'expulsion, l'étranger est passible d'un mois à six mois d'emprisonnement et c'est bien alors le tribunal qui prononce cette peine.

Dans le second cas, c'est-à-dire si l'étranger agresseur *n'habite pas* le territoire de l'État offensé, suivant la législation française actuelle, résultant de la loi de 1866 et conforme sur ce point à la loi antérieure, il ne pourra être poursuivi pour les crimes qu'il aurait commis à l'étranger contre des Français et qui ne lèsent ainsi qu'indirectement la France, mais il peut être puni, au contraire, sans distinction, pour les crimes attentatoires à la sûreté de l'État, ou pour contrefaçon du sceau de l'État, de monnaies nationales ayant cours, de papiers nationaux, de billets de banque ; mais la poursuite est soumise à deux conditions : il faut que l'étranger se trouve en France au moment de la poursuite et qu'on puisse en exiger l'extradition, c'est-à-dire, qu'il ne se trouve pas dans son propre pays, et que les crimes constituent une infraction au droit des gens; la première de ces conditions est injuste; sans doute, l'étranger ne pourra être jugé alors que par contumace, mais pourquoi ne le serait-il pas ainsi? S'il s'agit, non de crimes, mais de simple délit préjudiciable à la France, l'étranger, même présent, n'est pas punissable en France. Nous pensons que, lorsque l'étranger s'est rendu coupable d'infractions quelconques rentrant dans le genre des faits ci-dessus, il devrait pouvoir être poursuivi sans distinction.

3ent. Criminologie et pénologie entre individus de différentes nations.

Il s'agit ici du *droit international privé pénal*; les nations ne sont que très indirectement en cause et seulement autant qu'il est nécessaire pour la protection de leurs nationaux et pour assurer que justice impartiale sera faite. Il semble donc que la situation soit très simple et qu'il suffise d'abaisser les barrières internationales au moment nécessaire; elle est, au contraire, *très complexe*, et dans l'état actuel des législations, inextricable; elles la résolvent, en effet, chacune d'une manière très différente, et chacune emploie, de son côté, des règles fort compliquées, parce que les principes à appliquer sont contradictoires. Il serait trop long d'indiquer ici toutes ces solutions diverses; au point de vue descriptif, nous nous contenterons de l'état actuel de la législation française, mais il importe tout d'abord de dégager nettement les questions à résoudre, et les principes en présence qui tantôt les résolvent, tantôt font obstacle à leur solution, et qui sont devenus traditionnels dans le droit international. Cette analyse préparatoire est indispensable, car on est arrivé généralement à une grande confusion sur tous ces points.

Lorsqu'une infraction est commise et qu'elle a pour auteur un national ou un étranger, trois questions, indépendantes en principe l'une de l'autre, se posent naturellement devant l'esprit : 1° dans quel *lieu* et dans quel *pays* le coupable doit-il être *jugé*; 2° de qui doit se composer la *juridiction* qui statuera; 3° quelle *législation* doit-on suivre pour l'incrimination, la peine, le mode de preuve. Il semble tout d'abord que la réponse sur les trois devrait être la même, que, par exemple, si le crime est jugé en France, il devra l'être nécessairement par des juges français et conformément à la loi française. Ce n'est pourtant pas exact, même aujourd'hui. Dans les pays de protectorat, c'est bien au pays de l'infraction que le jugement a lieu, mais elle est jugée par des juges européens ou des juridictions mixtes. Cependant on a l'habitude de ne pas distinguer ces trois points et de les traiter dans le même sens.

La première de ces questions donne *à priori*, dans le droit international, comme dans le droit privé intérieur, le choix entre trois *compétences locales*, celle du lieu où l'infraction a été *commise*, c'est celui où cette infraction peut être le mieux constatée, où l'on peut recueillir immédiatement les témoignages, où le jugement et l'instruction forment un tout non divisé, enfin où demeure habituellement la victime; 2° celle du *domicile* du délinquant, c'est là que l'on connaîtra le mieux son caractère, ses antécédents, ce qui a une grande importance, surtout au point de vue curatif et pour l'appréciation de la responsabilité; 3° celle du lieu de l'*arrestation*, surtout lorsqu'il s'agit des délits mineurs, c'est là qu'on peut agir le plus promptement, il n'y a besoin ni d'extradition ni de translation. Ces compétences conservent leur raison naturelle, même lorsqu'on passe dans la sphère du droit international.

La seconde question est relative à la *composition du tribunal*, elle ne naît qu'en droit international, en raison de cette circonstance qu'on *soupçonne* toujours d'une certaine *partialité* involontaire le tribunal d'un pays qui décide entre son national coupable et une victime étrangère, il en est de même du tribunal du pays de la victime qui doit juger l'étranger coupable. Cette suspicion est plus grande encore quand il s'agit de pays ennemis, c'est-à-dire, qui ont été autrefois en guerre entre eux, ou de pays de *civilisations inégales*, si le juge est pris dans la nation la moins civilisée. D'autre part, cependant, l'adjonction de juges étrangers est-elle pratique et ne fait-elle pas d'ailleurs échec à la souveraineté de chaque État?

La troisième question est relative à la *législation* à appliquer; elle n'est pas moins difficile à résoudre, car les législations sont fort différentes. Est-ce celle du lieu où le délit a été commis, ou bien la législation propre de chaque national doit-elle le suivre partout où il se trouve? La même difficulté existe en droit civil et y est très mal résolue par des distinctions infinies. La difficulté s'augmente quand le fait n'est pas puni du tout par l'une des législations en conflit; elle l'est encore si la peine applicable ne l'est pas par toutes les législations, est même proscrite par certaines d'entre elles.

Lorsque la première question est résolue dans le sens de reconnaître les trois compétences à la fois, il se découvre d'autres *questions subjacentes*. A laquelle donnera-t-on, en définitive, la préférence? Est-ce la *priorité* des poursuites ou une autre circonstance qui décidera? Cette préférence fixée, si l'accusé est absent, pourra-t-on le juger efficacement *par défaut*? Pourra-t-on obliger la nation où il se trouve à le *livrer* préalablement? Pourra-t-on le poursuivre, même s'il a déjà été condamné ailleurs, et s'il a exécuté tout ou partie de sa peine? Devra-t-on imputer, au moins, la peine déjà exécutée?

Telles sont les questions, dont on aperçoit la gravité. Pour les résoudre on se trouve en face de certains principes reçus qui en facilitent ou en retardent la solution. En vertu de ces principes, on est accoutumé de faire un certain nombre de distinctions qui ne sont pas toutes fondées, mais dont on ne saurait faire abstraction, car ce serait éliminer tout le droit positif.

On distingue d'abord, suivant la *nationalité de la victime* et suivant celle du coupable. On peut se trouver alors en face de trois hypothèses : 1° la victime est un national et le coupable un étranger; 2° la victime est un étranger et le coupable est un national; 3° la victime et le coupable sont deux étrangers; 4° la victime et le coupable sont deux nationaux, mais le coupable a quitté le pays.

On peut se demander si dans tous ces cas l'État auquel appartient la victime ou le coupable a un intérêt à poursuivre. Celui de la victime a intérêt évidemment, quelle que soit la nationalité du coupable, parce qu'on doit défendre ses nationaux, que le crime ait été commis à l'intérieur ou à l'extérieur. Si au contraire, la victime est un étranger, l'État n'a plus d'intérêt pressant, car c'est à l'autre État à protéger ses propres nationaux, à moins que le crime n'ait été commis chez lui et par un de ses nationaux, car il a intérêt à protéger son ordre intérieur, et aussi à réprimer l'immoralité d'un national, car il ne saurait souffrir la résidence chez lui d'un criminel impuni, quoique dépendant de lui. Enfin si le crime est commis par un étranger contre un étranger, *l'intérêt s'annule*. Tels sont, du moins, les principes admis, mais ils sont fort contestables. Toutes les barrières internationales ne doivent-elles pas tomber en présence du crime, et un État civilisé ne doit-il pas réprimer le crime d'où qu'il vienne et en quelque endroit qu'il ait été commis?

Mais on peut se demander, d'autre part, en employant la même distinction, si l'État a le droit de poursuivre toujours et de condamner. En admettant qu'il puisse le faire toujours, si l'accusé n'est pas présent, on n'aboutira qu'à une condamnation par contumace, très platonique. Pour arriver à un résultat effectif, il faut d'abord le contraindre à être présent, et on ne pourra le faire que s'il est livré par l'État où il se trouve. Il s'agit de *l'extradition*. Il est généralement reçu qu'on peut obtenir l'extradition de ses propres nationaux et peut-être des nationaux d'une autre puissance, mais qu'un État ne peut être contraint à extrader les siens propres. On fait donc encore ici emploi de la distinction ci-dessus. C'est qu'un autre principe se soulève, celui de la souveraineté de chaque État, personne ne peut commander chez lui, même en cas de crime: il protège ses nationaux, même coupables, contre l'étranger, sauf à les punir lui-même.

Une autre distinction est née de l'application de ce principe qui domine le droit pénal : *non bis in idem*, c'est-à-dire qu'on ne peut être puni deux fois pour la même faute. Le coupable est puni à l'étranger, en ce sens qu'il est condamné à une peine déterminée. Il vient ensuite dans le pays où il a commis le crime ou dans un autre. L'État où il se trouve devra-t-il faire exécuter la condamnation ou le juger à nouveau, comme si un jugement n'était pas déjà intervenu? Puisqu'il y a eu jugement, pourquoi juger encore? Oui, mais le jugement peut être suspect s'il émane du pays du coupable seul ou de celui de la victime seule. Puis, il attente à la souveraineté de l'autre État. Au civil, on révise aussi les jugements étrangers. De sorte que voici le coupable à chaque instant jugé et rejugé de manière contradictoire, acquitté ici, condamné là bas.

Mais si on le juge de nouveau, faudra-t-il, au moins, tenir compte de la peine qu'il a déjà subie à l'étranger et la déduire de la nouvelle peine? Cela semble équitable. Mais comment faire cette déduction si les peines sont de différentes natures?

Une distinction très importante à un autre point de vue est celle entre les pays d'égale, et ceux d'*inégale civilisation*. En supposant qu'on puisse admettre la compétence de tribunaux étrangers, est-ce qu'on le pourra encore si ces tribunaux ne donnent aucune garantie en raison de l'organisation politique et judiciaire du pays auquel ils appartiennent, et si leurs législations admettent des peines interdites? Alors il faut protéger ses nationaux jusque dans un tel pays, faire brèche à sa souveraineté, ou les juger chez lui comme on les jugerait chez soi. La distinction entre les pays d'égale ou d'inégale civilisation est analogue à celle que nous avons décrite à propos du crime international.

Sans qu'il y ait lieu de faire cette distinction entre les civilisations égales ou inégales, on peut faire brèche à la souveraineté d'un autre pays par l'*exterritorialité*, quand il s'agit des ambassadeurs, en établissant à l'étranger un territoire fictif soustrait à la juridiction de celui-ci. Il y a là une immunité invétérée; nous aurons à discuter si elle est juste.

Une autre distinction concerne la différence entre les peines prononcées par les diverses législations pour un même délit. Faut-il appliquer celle du pays qui juge, qu'elle soit plus douce ou plus sévère, ou toujours la plus douce, par l'habitude prise d'accorder sans cesse des privilèges, non seulement à l'accusé, mais au coupable reconnu? En général, on incline ici pour la peine la plus douce. On sait que cette même question s'est posée aussi bien dans le temps que dans l'espace, quant à la rétroactivité des lois.

Enfin le caractère de droit commun ou politique du crime a une grande influence sur les crimes entre étrangers, il en est de même de son caractère militaire; les crimes politiques ou militaires se trouvent placés en dehors des règles de l'extradition.

Telles sont les distinctions nombreuses que fournissent les diverses législations et les principes qu'elles proclament.

Nous allons maintenant présenter dans sa substance la synthèse de l'une d'elles, de la législation française.

Il s'agit d'abord de fixer la territorialité des lois et de la juridiction pénale, et les restrictions ou les extensions de cette territorialité, puis de déterminer le droit ou le refus du droit de poursuivre les infractions commises, soit en France, soit à l'étranger, par un étranger ou un Français contre un Français ou un étranger, du moyen de faciliter cette poursuite par l'extradition, de l'autorité, à l'étranger ou en France, des jugements répressifs rendus et enfin du conflit de juridiction quand les juridictions des deux pays sont compétentes.

La territorialité fait les limites de la souveraineté de l'État, il faut donc d'abord la fixer, pour appliquer ensuite le principe de cette souveraineté ou y déroger. Elle comprend, outre le territoire proprement dit, la mer territoriale, les navires de commerce mouillés dans un port de ce pays. Mais ce territoire a des extensions pour un État qui sont en même temps des restrictions pour l'autre. C'est d'abord l'extension à l'armée expéditionnaire sur un pied de guerre en pays étranger, la juridiction s'étend alors à tous les habitants; puis celle aux Français qui se trouvent dans les États ottomans, ou dans l'Extrême-Orient, la Chine, le Japon, le Siam, ils sont soumis à la seule juridiction de leurs consuls et jugés d'après la loi française, avec appel en France; enfin c'est l'immunité diplomatique qui étend la territorialité au profit des ambassadeurs de chaque nation et aux chefs d'États étrangers, et qui comprend l'exemption de la juridiction civile et criminelle du pays où ils se trouvent, l'inviolabilité de leur personne et celle de leurs hôtes, ce qui constitue une sorte de droit d'asile.

Telle est la délimitation du territoire français, telles sont ses extensions. Cette fixation faite, quelles sont les infractions que l'on peut poursuivre en France? Il faut distinguer d'abord celles commises en France, et celles commises à l'étranger. Pour les premières, aucun doute et aucune distinction, quelle que soit la nationalité de l'auteur ou de la victime; le tribunal français est compétent et décide en suivant la loi française, en appliquant ses pénalités, même quand elles seraient plus sévères, ou même quand la loi étrangère n'aurait pas puni du tout; il pourra condamner par contumace ou par défaut, même l'étranger, il pourra prononcer cette condamnation, quand même le coupable aurait été déjà condamné à l'étranger. Ce sont les conséquences logiques à la fois du principe de la souveraineté de l'État qui ne peut permettre qu'on trouble l'ordre sur son territoire et de la compétence naturelle du lieu où l'infraction a été commise. D'ailleurs, en résidant, même de passage dans un pays, on se soumet par là même à ses lois. Aussi n'élevons-nous contre cette partie du droit français aucune critique, si ce n'est la suivante. S'il s'agit d'un crime grave entraînant une peine de même nature, on peut se demander s'il ne serait pas plus juste, en maintenant la compétence française, d'adjoindre au tribunal quelques membres des juridictions étrangères, de manière à former un tribunal mixte. L'Angleterre avait suivi cette voie qu'elle a abandonnée en 1870, l'étranger pouvait réclamer un jury composé pour moitié d'étrangers et pour moitié d'Anglais.

Si au contraire, l'infraction a été commise hors de France, la législation française a varié, et nous envisageons son état actuel seulement, en faisant d'ailleurs abstraction des crimes contre la sûreté de l'État dont nous avons traité précédemment. Il faut distinguer alors entre les crimes, les délits et les contraventions. Les crimes peuvent être poursuivis en France s'ils ont été commis par des Français, soit contre des Français, soit contre des étrangers, cela se comprend, la France ne veut ni ne peut garder chez elle impunis des Français criminels; en effet, il ne s'agit pas seulement de réprimer le crime actuel, mais aussi de prendre des mesures contre la criminalité révélée par le crime. Auparavant, on ne poursuivait que si le crime avait été commis par le Français contre un Français, cette distinction est abolie à juste titre; on exigeait aussi une plainte de la personne lésée, cette nécessité a disparu. Quant au crime commis par l'étranger soit contre un étranger, soit même contre un Français, il n'est pas punissable en France, la dernière de ces solutions semble singulière, la France renonce ainsi à protéger ses nationaux. Les délits sont soumis à une règle différente. Autrefois ils n'étaient jamais punissables; depuis la loi de 1886, on ne peut punir que ceux commis par des Français, et dans ce cas on exige comme condition que le fait soit punissable par les deux législations, parce qu'alors il ne s'agit pas d'incrimination capricieuse, qu'il y ait plainte de la personne lésée, et que la poursuite soit exercée par le Ministère Public et non par citation directe. Enfin, non pas toutes les contraventions, mais certaines d'entre elles, celles en matière forestière, rurale, de pêche, de douane ou de contributions indirectes, peuvent être poursuivies en France d'après les lois françaises, s'il y a réciprocité; il faut qu'il s'agisse d'un État limitrophe. En cas de *crimes*, de *délits* ou de *contraventions*, le Français ne peut être poursuivi en France pour infraction commise à l'étranger, s'il n'est de retour en France, il ne peut donc être condamné par défaut ni par contumace. Cette condition semble singulière, elle est rejetée par les codes pénaux de l'Allemagne, de la Hongrie et de la Hollande; on ne voit pas bien la raison de la distinction sous ce rapport entre l'infraction commise en France et celle commise à l'étranger. Le résultat est d'autant plus fâcheux qu'il y a controverse sur le point de savoir si l'extradition peut alors être demandée.

Pour faciliter les poursuites, dans le cas où la France ou un autre État est compétent pour juger, il importe que le coupable soit présent, ce qu'on ne peut obtenir qu'au moyen de l'extradition. Les traités dans ce but sont nombreux et divers, dominés cependant par des principes communs; en outre, il existe, dans plusieurs pays, la Belgique, la Hollande, l'Angleterre, les Etats-Unis, des lois qui établissent les règles générales à suivre dans les traités. L'extradition est accordée, quand la personne dont il s'agit est un sujet de la nation qui le réclame, ou celui d'un état neutre; mais elle est refusée si l'on demande à une puissance l'extradition d'un de ses propres nationaux; presque toutes les législations sont dans ce sens; cependant, on peut citer en sens contraire celles de l'Angleterre et des Etats-Unis. Ce principe, qui empêche très souvent l'extradition de fonctionner, est très contestable, même lorsque l'infraction a été commise sur le territoire de l'État qui réclame cette extradition. Il empêche entre nations le libre échange de leurs criminels. On doit exclure aussi de l'extradition les crimes militaires et les crimes politiques, parce qu'ils ne sont pas des crimes contre le droit naturel et la morale générale; il en résulte une sorte de droit d'asile. Ce qui est moins juste, c'est qu'elle ne s'applique qu'aux crimes ou à certains délits, non aux autres. La tentative et la complicité lui échappent souvent aussi. Enfin, le fait doit tomber sous le coup de la législation des deux pays. Les autres règles sont de détail; il y en a cependant une importante à noter, à savoir celle qui attribue à l'autorité administrative ou à l'autorité judiciaire le droit de décider en cette matière. En France, et presque partout, c'est la première; en Angleterre, au contraire, c'est l'autorité judiciaire qui intervient d'abord; il en est de même en Belgique. Il semble que la garantie judiciaire devrait toujours être fournie en cette matière. Une règle tout-à-fait subtile et sans raison sérieuse est celle qui défend d'étendre l'*incrimination à d'autres chefs* sans le consentement exprès de l'extradé. On voit que ce sujet est réglé d'une manière archaïque, confuse et entouré de ces vieilles cérémonies juridiques qui ne devraient pas être de notre époque.

Lorsqu'une condamnation a été prononcée compétemment à l'étranger, il s'agit de savoir si elle a *force de chose jugée* et est exécutoire en France, et ce n'est pas un des sujets les moins compliqués du droit international pénal. On décide que les jugements rendus sur l'action publique n'ont, en France, aucune autorité; c'est toujours le principe de la souveraineté de l'État qu'on invoque. Comment reconnaître ce qui émane de l'étranger? Au contraire, quand il s'agit d'un jugement civil, l'autorité de la chose jugée existe, sous condition d'une révision, révision sur l'étendue de laquelle on est, d'ailleurs, loin d'être d'accord. Ces jugements n'ont aucun effet, ni pour les peines directes, ni pour les incapacités prononcées, ni pour la création de l'état de récidive. Cette situation juridique a pour conséquence, souvent, d'assurer l'impunité complète; par exemple, s'il s'agit d'un Français condamné en pays étranger qui a pris la fuite en France, alors ni exécution, ni extradition, ni poursuite nouvelle possible. Quant à un jugement rendu sur l'action civile par les tribunaux répressifs, ou par les mêmes sur l'action publique, l'influence sur l'action civile intentée en France ou sur les autres effets civils, donne lieu à de grandes difficultés; c'est une complication de plus, née du caractère neutre de l'action civile.

Le point capital consiste dans les *conflits de juridiction*, quand plusieurs tribunaux à la fois sont compétents, ce qui arrive fréquemment, puisque souvent la compétence est triple, celle du lieu de l'infraction, celle de la nationalité du coupable, celle du lieu de l'arrestation. Si l'inculpé est jugé définitivement par les tribunaux de l'un des pays, peut-il être poursuivi de nouveau? Trois systèmes sont possibles en raison. Suivant l'un, tout jugement définitif met fin à toute poursuite, qu'il ait condamné ou acquitté, pour quelque motif que ce soit, que la peine soit subie, ou non subie, ou prescrite. Suivant l'autre, chaque État poursuit toujours librement, sauf ce tempérament qu'il faut déduire la peine déjà exécutée. Suivant un troisième, l'action est exclue si c'est le juge du lieu du délit qui a statué et si le jugement a été exécuté, parce qu'alors tout intérêt sérieux a disparu ; elle subsiste dans le cas contraire. La loi française décide pour un cas, celui où le rime ou le délit a été commis par un Français à l'étranger (art. 5, § 3), alors le Français ne peut plus être poursuivi en France. Mais, en dehors de ce cas, c'est-à-dire, s'il s'agit des infractions commises hors de France par des étrangers, ou des contraventions commises par des Français dans un État limitrophe, la controverse reste ouverte, dans le premier cas surtout, car dans le second, la réciprocité semble bien donner la décision au tribunal qui a déjà statué. Quant au second fait, la question ne peut naître que s'il s'agit de crime attentatoire à la sûreté de l'État, mais alors on applique l'article 5 précité qui forme ainsi le droit général. Cependant, si l'infraction a été commise en France par une personne jugée à l'étranger, le droit de poursuite en France survivra. Le droit français ne fait pas entrer en ligne de compte pour la solution la question de savoir si le condamné a subi ou prescrit sa peine. Au contraire, dans d'autres pays, en Norwège et en Suède, en face de cette circonstance, si la peine prononcée a été subie ou prescrite, on ne saurait plus poursuivre.

Tel est, dans son ensemble, le système général du droit français. Si l'on songe que chacune des législations étrangères adopte des règles différentes, et que le conflit entre ces règles forme à son tour un droit international spécial, on voit combien le réseau est inextricable; cependant, il serait facile, si l'on voulait écarter tous ces principes de convention, de trouver les bases d'un système simple et rationnel.

Nous pouvons maintenant essayer de le *construire* en répondant aux trois *questions fondamentales* que nous avons d'abord posées. Sans doute, il ne suffit pas d'édifier une théorie et il faudrait une convention internationale uniforme qui la reconnût et l'appliquât. Mais cette convention si difficile en ce qui concerne les rapports internationaux entre États réglant leurs intérêts politiques serait, au contraire, facilement admise en matière pénale individuelle.

Il faut cependant distinguer entre nations de civilisation de *même nature*, et celles de civilisations totalement *inégales* ou *différentes*, car la convention internationale dont nous parlons n'est sérieusement possible que dans le premier cas.

Si les nations sont de civilisations similaires, une *convention ferme* interviendrait entre elles en réalisant les idées suivantes :

Il s'agit d'abord de savoir quel est le *pays* ou les pays où l'on jugera le coupable, si on le jugera *plusieurs fois* et aussi souvent qu'il changera de pays, ou si, au contraire, le jugement unique aura *autorité de la chose jugée* dans tous, ainsi que la *force exécutoire*, enfin si le pays ou les pays investis de la compétence pourront se faire *livrer* par d'autres le coupable ou le présumé coupable pour le mieux et plus efficacement juger, ou s'ils devront, en cas d'absence, se contenter de le juger par défaut, ou même ne pas le juger du tout.

Si l'on admet à la fois *plusieurs compétences*, comme le font les législations positives qui cumulent celle de la nationalité du coupable et celle du lieu de commission du crime, la difficulté devient inextricable. Plusieurs jugements peuvent intervenir. Pourquoi l'un aurait-il plus de force que l'autre? Pourquoi l'étranger aurait-il autorité chez moi et devrai-je faire exécuter ses sentences? Comment est-il possible de lui livrer mon propre national? Au contraire, si *un seul pays est compétent*, tout ce labyrinthe se redresse, les distinctions s'évanouissent.

Il serait donc expédient de n'admettre qu'une *seule compétence*, si, comme nous le verrons, elle simplifie tout. Mais y en a-t-il une meilleure que les autres, et celles-ci pourraient-elles être éliminées? Celle du lieu de l'arrestation est hors de cause, elle ne fonctionne pas en droit international. Il reste les deux autres qui se livrent un combat sérieux; celle du *domicile* du coupable, importante ici parce qu'elle investit une des nations, celle du *lieu du crime*. La première n'a guère que cet avantage de permettre à une nation de protéger son national contre l'injustice de jugements étrangers partiaux ou suspects; nous verrons bientôt quel moyen spécial parerait à ce danger. La seconde l'emporte de beaucoup. C'est dans le lieu où l'ordre a été troublé, qu'il importe pour l'exemplarité que le châtiment s'accomplisse. C'est là qu'on peut le mieux éclaircir les indices et les preuves de culpabilité. Dans l'intérieur d'un pays, parmi les trois compétences concurrentes, c'est celle-là qui a la primauté. Elle concorde d'ailleurs parfaitement avec la souveraineté de l'État, l'étranger qui y a délinqué l'a offensé indirectement, s'est mis sous sa protection, par ailleurs, et a reconnu son pouvoir. Pourquoi ne pas faire de cette compétence dominante la compétence unique? Nous avons prouvé dans une monographie, qu'en procédure civile c'est le lieu où l'acte générateur du droit s'est produit ou celui où se trouve situé l'objet du droit, suivant qu'il s'agit d'un droit personnel ou d'un droit réel, qui devrait déterminer la compétence unique, bien plus que le domicile du défendeur. Le coupable doit donc être jugé au lieu où l'infraction a été commise.

Si cette compétence est désormais unique et reconnue par tous les traités, aucun conflit entre jugements émanés de divers pays ne sera plus possible. Par là même aussi, le jugement rendu dans le pays compétent devra avoir force de chose jugée à l'égard de tous autres. Mais aura-t-il force exécutoire? Pourquoi non? Si cette force est accordée par un traité général, il n'en résultera pas de violation de souveraineté, mais réciprocité volontaire. D'ailleurs les effets civils seront communiqués, aussi bien que les effets pénaux, et parmi les effets civils ceux qui sont directs et ceux qui sont indirects, pourvu que ceux-ci soient admis par la législation du pays qui les invoque. Il n'y aura lieu à aucune révision, même de forme, on pourra seulement exiger des autorités judiciaires de l'autre pays qu'elles certifient la force authentique et exécutoire.

Mais le coupable peut avoir *pris la fuite* loin du pays où il a commis le crime; or, l'instruction est plus difficile, et le jugement plus sujet à recours, si l'on juge hors sa présence, et d'ailleurs pourrait-on juger ainsi? Évidemment oui, et il le faudra bien si le coupable se cache, si l'on ignore quel pays lui sert de refuge. Dans ce cas, on l'acquittera ou on le condamnera par défaut ou par contumace suivant les cas. Cependant il vaudrait mieux l'avoir présent. Comment l'obtenir? Par un moyen déjà connu, par l'extradition, sans aucune entrave, sauf celle relative aux crimes politiques ou militaires. L'extradition sera de droit pour tous crimes ou délits, les poursuites pourront s'étendre à des faits non prévus lors de l'extradition; seulement elle se fera sous la garantie de l'autorité judiciaire. Ce qui est essentiel, le pays où un crime aura été commis pourra se faire livrer l'accusé par tous les autres, même par celui dont le coupable serait le national. La dernière barrière tomberait ainsi qui empêche la poursuite du crime.

Tous les pays n'en feraient plus ainsi qu'un seul au point de vue pénal. La nation sur le sol de laquelle on commet une infraction aurait le droit, et seule le droit, de se faire livrer l'accusé, de le juger, d'exécuter. Nous avons bien l'*union postale*: pourquoi n'aurions-nous pas l'*union pénale*?

Cependant il ne faut pas pour des faits trop simples, des contraventions ou des délits contraventionnels, recourir aux formalités et aux frais de l'extradition. En outre, si l'État où le délit a été commis ne voit nul inconvénient à ce que l'étranger en fuite dans son pays soit jugé par les tribunaux de ce pays, ou si le Français en fuite consent à être jugé par le tribunal étranger, on pourrait économiser des frais de transport inutiles; ce qui aurait lieu en cas de vagabondage, de vols simples, etc. Ce tempérament de fait serait utile au point de vue pratique. La compétence pourrait être accordée ainsi non seulement au pays d'origine du coupable, mais à celui du lieu d'arrestation. Le jugement rendu dans ces conditions n'en aurait pas moins force de chose jugée en tout pays.

Mais cette *compétence unique* aura pour résultat de faire juger un étranger dans un pays qui n'est pas le sien et par une juridiction qui peñt être suspecte, surtout si la victime est un national de ce pays, et au contraire, un national dans son propre pays pour un crime par lui commis à l'étranger contre un étranger. Généralement la solution du lieu de compétence a toujours entraîné celle de la composition du tribunal ; *cette assimilation des deux questions a tout faussé*. Supposons qu'un Français ait commis une infraction en Allemagne ; quoi de plus naturel que de le juger en Allemagne, là où on peut le mieux se rendre compte des circonstances et des preuves du crime et de sa culpabilité? Serait-il expédient, pour l'administration d'une bonne justice, de le transporter en France pour être jugé là où le crime est inconnu, et dans des conditions où il faudra renvoyer en Allemagne, par commission rogatoire, pour une partie, au moins, de l'instruction? Et cependant entre deux nations qui se sont battues dans une guerre d'invasion ne craindrait-on pas quelque partialité? Or, il ne faut pas que la justice puisse être soupçonnée. Il sera bien facile de l'empêcher en créant pour ce cas des *tribunaux mixtes* composés, dans l'exemple qui précède, moitié de magistrats français et moitié de magistrats allemands, ou moitié de jurés français, moitié de jurés allemands, ainsi que cela s'est pratiqué longtemps en Angleterre. Ce serait juste, toutes les fois que de la victime et du coupable, l'un appartiendrait au pays où le délit a été commis et l'autre à un autre pays.

La victime et le coupable se trouveraient, pour ainsi dire, représentés ou jugés chacun par leurs propres nationaux, mais au lieu convenable. Que si les deux intéressés, victime et coupable, appartenaient au même pays étranger, ou chacun à un pays étranger différent, mais autre que celui de la commission du crime, il n'y aurait pas lieu à la constitution de ce tribunal mixte, à moins qu'il ne fût réclamé par l'une des parties en cause, dans ce cas ce tribunal serait composé de juges de la nationalité de chacun des intéressés.

Il serait loisible, soit aux accusés, soit au gouvernement auquel ils ressortiraient, de renoncer au bénéfice de cette juridiction mixte. Elle ne serait pas non plus constituée en matière de contravention ou de délit-contravention, mais seulement en matière de crime. Enfin la renonciation pourrait émaner de l'État qui aurait le droit d'entrer dans la composition du tribunal ; il y renoncerait généralement quand il s'agirait de délits peu importants, ou de délinquants peu intéressants, comme les récidivistes.

Grâce à cette organisation nouvelle, l'immunité dite diplomatique n'aurait plus de raison d'être et devrait disparaître.

C'est surtout aux frontières que le lieu de commission de l'infraction diffère de la nationalité du coupable ou de celle de la victime. Il n'y aurait donc pas un grand déplacement pour les membres du tribunal mixte; dans ce but les membres de ce tribunal pourraient être pris, non dans tout l'intérieur de chaque pays, mais seulement dans les provinces limitrophes. Si le crime avait été commis à une certaine distance, les membres d'une des fractions seraient pris dans la province du lieu du crime.

La dernière question à résoudre est la *fixation de la loi* qu'on doit appliquer. Il semble *a priori* que ce doive être celle du lieu de l'infraction, car, en délinquant, le coupable s'est soumis à cette loi et c'est celle dont la victime a le droit de réclamer la protection. Tel est aussi le principe admis dans le droit français; lorsqu'un étranger commet une infraction en France, on lui applique la loi pénale française. Il n'y a de difficultés que quand il s'agit d'une infraction commise à l'étranger par un Français ou par un étranger; alors on fait de nombreuses distinctions. Si le fait est incriminé par la loi française, mais ne l'est pas par la loi étrangère, le crime est punissable en France, le délit ou la contravention ne le sont pas; dans le cas inverse, c'est-à-dire si le fait est incriminé à l'étranger et non en France, ni crime, ni délit, ni contravention ne sont punissables; s'il est incriminé dans les deux, mais passible de peines différentes, on suit toujours la loi française, tandis que d'autres législations préfèrent en pareil cas la peine la plus douce.

Ces distinctions, suivant nous, doivent disparaître. Non seulement, en cas de législations divergentes quant à la peine, c'est celle du pays où l'infraction a été commise qui doit être *seule appliquée*, mais le crime ou le délit doivent être punis sous la seule condition qu'ils soient prévus par la loi du pays de commission, quand même ils ne le seraient pas par la loi nationale du coupable. D'ailleurs, entre nations civilisées, les peines sont similaires et ne sont pas contraires au droit public général.

Telles seraient les règles simples entre nations de même civilisation. Compétence unique, extradition universelle, autorité internationale de la chose compétemment jugée et son exécution en tout pays; jugement d'un coupable d'une autre nationalité par un tribunal mixte; application de la législation du lieu de l'infraction. Le crime n'aurait plus d'asile à l'étranger; au point de vue pénal, tous les pays n'en formeraient plus qu'un seul, en attendant leur fédération sous d'autres rapports.

Chez les peuples de civilisation inégale ou dont l'un est non civilisé, le même système ne saurait prévaloir, parce qu'une nation ne peut abandonner son national au jugement de juges ne présentant pas les garanties nécessaires. Aussi la juridiction exceptionnelle dans les Échelles du Levant accordée aux puissances de l'Europe peut-elle se justifier, provisoirement au moins. Car aucune règle n'est possible, sauf celles variables résultant des traités.

Comme on le voit, les difficultés juridiques si nombreuses du droit international privé pénal ne peuvent être bien résolues que par les principes sociologiques et c'est pour avoir écarté ces principes que les nations sont tombées dans cette anarchie, ces expédients, cette contingence constante, qui ajoutent la difficulté et la complexité extrême à l'injustice. C'est une preuve de plus du bienfait qui résulterait de l'introduction de la sociologie dans la législation elle-même qui en serait la science appliquée.

Nous venons dans cette monographie de parcourir un vaste domaine dont nous n'avons pu visiter tous les détails, mais dont nous avons tenu surtout à établir nettement la description et la synthèse; c'est une sorte de reconnaissance des phénomènes et de l'évolution de la criminologie collective dans la géographie et dans l'histoire des sociétés et dans leur séquence logique. En outre, nous avons voulu en déduire les améliorations pratiques possibles. Nous pensons que la sociologie n'a pas seulement son utilité théorique et la curiosité de ses contemplations générales, mais qu'elle doit aussi éclairer et pénétrer d'autres sciences, entre autres celle du droit, et cela, non seulement pour les expliquer en les dominant, mais aussi pour les conduire elle-même de haut et de loin sans doute, mais avec l'action efficace que les astres lumineux exercent malgré la distance sur d'obscures planètes.

www.ingramcontent.com/pod-product-compliance
Lightning Source LLC
LaVergne TN
LVHW020413230826
846091LV00004B/1275